Der stille Held von Lenggries

von Robert J. Huber

Paul Mayer, ein gerechter Polizist

in nationalsozialistischer Zeit

Der stille Held von Lenggries

Robert J. Huber

Impressum

Bibliografische Information der Deutschen Nationalbibliothek:
Die Deutsche Nationalbibliothek verzeichnet diese Publikation in der
Deutschen Nationalbibliografie; detaillierte bibliografische Daten sind im
Internet über https://dnb.de abrufbar.

Umschlaggestaltung: Robert J. Huber
Korrekturarbeiten: Claudia Huber

Satz, Herstellung und Verlag: BoD – Books on Demand, Norderstedt

ISBN: 978-3-7557-3490-1

„Es gibt nichts Gutes, außer man tut es!"

Erich Kästner

Inhalt

Das (unvermeidliche) Kleingedruckte:

Der Text enthält als Fußnoten zahlreiche aktive Links zu nach Meinung des Verfassers interessanten Webseiten mit weiterführenden Informationen. In Klammern steht dahinter das Datum des Aufrufs der Seiten im Internet. Das ist zwar in der E–Book–Version praktisch, zwingt aber den Autor, sich ausdrücklich von Werbeinhalten auf diesen Seiten zu distanzieren und keine Haftung für die Inhalte und das Funktionieren der Links zu übernehmen!

Für die Leser der Print-Ausgabe werden am Ende des Buches, nach Seitenzahlen sortiert, die Internet-Quellen als Text und als QR-Code wiederholt. Mit dem Smartphone ist damit schnell die betreffende Website erreicht.

Der wissenschaftlich geübte Leser wird um Verständnis dafür gebeten, dass zugunsten der Möglichkeit, sich einen ersten Überblick zu verschaffen, des Öfteren Wikipedia-Artikel verlinkt sind.

Bild auf der Umschlagvorderseite: © Autor.

Einleitung

„Ich habe nur meine Pflicht getan." So antwortete Paul Mayer stets, wenn seine Leistungen im zweiten Weltkrieg zur Sprache kamen. Dabei hat der Lenggrieser Gendarmerie-Kommandant damals Großes geleistet – ohne je viel darüber zu erzählen. Er ist zeitlebens ein stiller Held geblieben.

Seine bekannteste Tat erscheint heute noch schier unglaublich. Ihm ist es gelungen, eine jüdische Ärztin fast drei Jahre lang in seiner Polizeistation vor den Nationalsozialisten zu verstecken. Diese deutschlandweit einmalige Tat würdigte die israelische Holocaust-Gedenkstätte Yad Vashem später mit der Ernennung zum „Gerechten unter den Völkern". Zur Erinnerung an Paul Mayer steht dort eine Zeder in der „Allee der Gerechten".[1] Eine wirklich seltene Auszeichnung, Paul Mayer bekam sie als erster von insgesamt nur sehr wenigen deutschen Polizisten.

Das war jedoch längst nicht alles. Er bewahrte zum Beispiel Dorfbewohnerinnen vor der Einweisung ins Konzentrationslager, beschützte Kriegsgefangene und half im Mai 1945 aktiv mit, Blutvergießen und Zerstörungen durch letzte Kampfhandlungen im Ort zu vermeiden.

Nicht wenige seiner Taten gerieten in Vergessenheit, manche sind nicht genau überliefert, einige jedoch präzise dokumentiert. Der Verfasser stützt sich bei dieser Zusammenfassung deshalb auch auf übereinstimmende Zeitzeugenberichte.

───────────────────────────

[1] Die Ehrung erfolgte zusammen mit seiner Ehefrau Rosa und seiner Schwägerin Maria Lethnar im Jahr 1969. Siehe dazu File-Nr. M.31.2/394:
https://righteous.yadvashem.org/?search=Paul%20Mayer&searchType=righteous_only&language=en&itemId=4022271&ind=0 (08.07.2021)

1. Paul Mayer im Ersten Weltkrieg

Am 2. August 1896 kommt Paul Mayer als zweiter Sohn des Landwirts Josef Mayer und seiner Frau Anna, geb. Linner, zur Welt. Sein Geburtsort Sonnering liegt heute im Gemeindebereich Höslwang, Landkreis Rosenheim. Er wächst im ländlichen Umfeld auf, das Königreich Bayern regiert der im Volk beliebte Prinzregent Luitpold. Schon früh muss Paul klar geworden sein, dass er als Erbe für den väterlichen Bauernhof nicht in Frage kommt, das Recht dazu liegt nach damaligem Verständnis beim Erstgeborenen. Er ist ein guter Schüler und beginnt nach kurzer Dienstzeit als bäuerlicher Knecht im Jahr 1912 in München eine kaufmännische Lehre. Paul Mayer schließt sich der „Mercuria" an, einer katholischen Realschülerverbindung mit den Ritualen studentischer Corps. „Burschenschaften" sind damals weit verbreitet, sie fördern soldatische Tugenden und unterstützen ihre lernwilligen Mitglieder. Seine Ausbildung kann der junge Paul Mayer trotzdem nicht abschließen, am Tag vor seinem 18. Geburtstag beginnt der Erste Weltkrieg. Er ist wehrpflichtig und muss zur

Abbildung 1: Paul Mayer (Mitte) mit Fechtwaffe im vollen Ornat der Realschulverbindung „Mercuria". Foto: ©M. Mayer, mit freundlicher Genehmigung.

Musterung. Auf die Frage nach seiner Lebensstellung antwortet er „Dienstknecht", eine noch nicht abgeschlossene Ausbildung zählt für das Militär nicht. Aufgrund einer guten Bewertung der Musterungskommission („gebirgstauglich") wird Paul Mayer dem königlichen bayerischen Infanterie-Leibregiment, den „Leibern" zugeteilt. In der Stammrolle finden sich seine Daten:

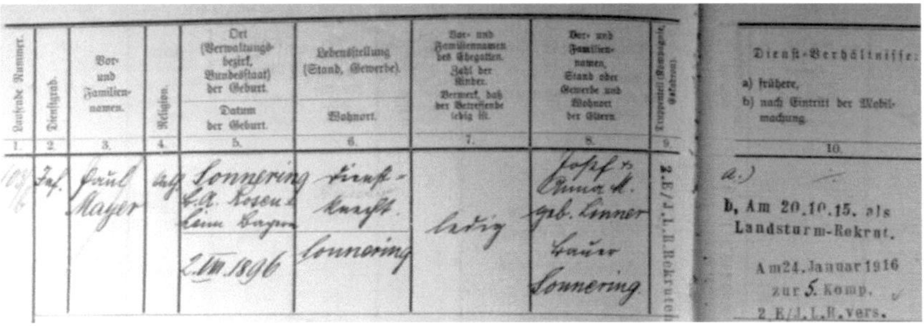

Laufende Nummer.	Dienstgrad.	Vor- und Familien-namen.	Religion.	Ort (Verwaltungs-bezirk, Bundesstaat) der Geburt. / Datum der Geburt.	Lebensstellung (Stand, Gewerbe). / Wohnort.	Vor- und Familiennamen des Ehegatten. Zahl der Kinder. Vermerk, daß der Betreffende ledig ist.	Vor- und Familien-namen, Stand oder Gewerbe und Wohnort der Eltern.	Truppenteil (Kompagnie).	Dienst-Verhältnisse: a) frühere, b) nach Eintritt der Mobil-machung
1.	2.	3.	4.	5.	6.	7.	8.	9.	10.
[illegible]	Inf.	Paul Mayer	[illegible]	Sonnering [illegible] / 2. Aug. 1896	Dienst-knecht / Sonnering	ledig	Josef u. Anna M. geb. Linner Bauer Sonnering	2. E/I. L. R. Rekruten	a.) b. Am 20.10.15. als Landsturm-Rekrut. Am 24. Januar 1916 zur 5. Komp. 2. E/I. L. R. vers.

Abbildung 2: Stammrolle des 2. Ersatzbataillons des königl. bayer. Infanterie-Leibregiments. Infanterist Paul Mayer, katholisch, geboren am 2. August 1896 in Sonnering, Lebensstellung: Dienstknecht, ledig, Eltern: Josef und Anna Mayer, geb. Linner. Beruf des Vaters: Bauer in Sonnering. Eintritt nach Mobilmachung (als Wehrpflichtiger, Anm. d. Verf.) am 20.10.1915 als Landsturm-Rekrut. Nach viermonatiger Grundausbildung zur 5. Kompanie (später dann zur 4.) versetzt. Reproduktion durch „Ancestry" (www.ancestry.de) aus: Hauptstaatsarchiv, München, bearb. durch den Verfasser.

Paul Mayers Einberufungsjahrgang 1915 ist zahlenmäßig sehr stark, die Münchner Kasernenbauten reichen für die Ausbildung und Unterbringung der Rekruten bei weitem nicht aus. Die Stadt stellt Schulgebäude und Turnhallen zur Verfügung. Für die ihre „Leiber" machen die königstreuen Münchner gerne Platz. Die „Maria-Theresia-Kreisrealschule" am Regerplatz, heute Maria-Theresia-Gymnasium, wird so zur Rekruten-Unterkunft, genauso wie die „Höhere Mädchenschule" St. Anna im Lehel.[2] Die Schulkinder werden auf andere Schulen verteilt; die Ausbildung der Soldaten erscheint wichtiger.

---

[2] Siehe dazu: (Ritter von Reiß, et al. 1931) S. 489

Im Frühjahr 1916 erhält Paul Mayer in Immenstadt eine Hochgebirgs-Spezialausbildung, denn das Leibregiment gehört zum Alpen-Korps, also zu den Gebirgstruppen.

Sein erster Kampfeinsatz führt ihn aber in die „Hölle von Verdun" an die Front in Frankreich. Hier stehen den gut 200.000 französischen Verteidigern etwa 500.000 deutsche Angreifer gegenüber. Auf engstem Raum wirken ab Februar 1916 allein auf deutscher Seite über 1.200 Geschütze aller Kaliber. Die Soldaten verschanzen sich in Schützengräben, in denen bei Regen das Wasser steht. Am 23. Juni 1916 soll die bayerische Elite-Truppe,

Abbildung 3: Paul Mayers Kameraden im Schützengraben. Mangels geeigneten Baumaterials versuchen die Soldaten mit Flechtwerk die Wände zu stabilisieren, ein Notbehelf. Artillerie-Treffer bringen das zum Einsturz. Foto: ©Autor.

12

das königliche Leibregiment, zum alles entscheidenden Angriff antreten. Ihr Ziel ist das bestens verteidigte französische Dorf Fleury unterhalb der Festung Douaumont. Die „Leiber" geraten in ein Inferno. Paul Mayers Kompanie ist ganz vorne mit dabei. Ununterbrochen heulen und bersten die im Sekundentakt

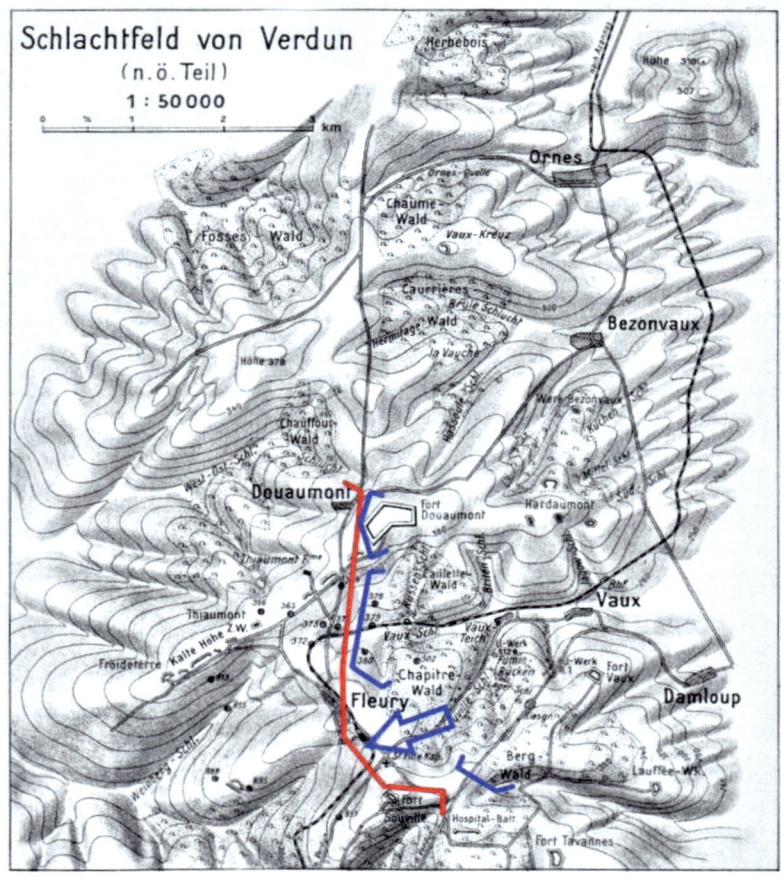

Abbildung 4: Angriff des königl. bayer. Leibregiments auf das bestens verteidigte Gelände bei Fleury (blauer Pfeil). Ziel ist ein Durchbruch durch die französischen Linien, doch dazu reichen die Kräfte nicht. Mehr als tausend Soldaten sterben an einem Tag. Karte: (Ritter von Reiß, et. al. 1931) S. 166, eigene Bearbeitung.

einschlagenden Granaten. Rauch und Qualm überall. Kein Baum, kein Strauch, kein Grashalm ist mehr zu sehen, nur grauer Boden und Sprengtrichter. Major Prinz Heinrich von Bayern führt den Angriff von vorne und wird in einem Keller verschüttet, er fällt als Führer aus. Ein weiteres Vorrücken ist unmöglich, das feindliche Feuer der Maschinengewehre ist einfach zu heftig. Die Franzosen wehren sich verbissen. Das Feuer der eigenen Artillerie können die „Leiber" nicht mehr lenken, die Verbindung ist verloren gegangen. Alle Einheiten haben schwerste Verluste. In Paul Mayers Kompanie sind beim Sturmangriff alle Offiziere gefallen. Die überlebenden Unteroffiziere und einfachen Soldaten

DIE ERDE VON VERDUN

Abbildung 5: Das Schlachtfeld von Verdun, tausendfach umgepflügt durch unzählige Granaten, bietet nur wenig Deckung. Foto: (Ritter von Reiß, et al. 1931), public domain.

liegen verstreut in Granatlöchern. Viele sind verwundet und rufen durch das Donnern der Kanonen nach Hilfe. Paul Mayer weiß um die Not der Verwundeten und bleibt als einer der sehr wenigen nicht in seiner Deckung. Obwohl noch nicht einmal mit einem Stahlhelm geschützt – die wenigen Exemplare tragen nur Führer und einige spezielle Stoßtrupp-Soldaten – arbeitet er sich ohne Befehl kriechend weiter vor. Er packt einen der Verletzten an der Uniform und schleppt ihn zurück in einen Laufgraben, der einigermaßen Schutz bietet. Sofort hastet er gebückt wieder nach vorne. Sein Beispiel macht Schule. Zwei noch unverletzte Kameraden kommen ihm zu Hilfe. Zusammen gelingt es den dreien, mehr als ein Dutzend verwundete Soldaten aus dem Feindfeuer zu ziehen und sie nach

Abbildung 6: Regimentskameraden bringen einen Verletzten zur Verbandsstation. Foto: (Ritter von Reiß, et al. 1931), public domain.

hinten in die Deckung der Ausgangsstellung zu verfrachten. Dort übernehmen die Sanitätssoldaten. Vielen rettet er damit das Leben. Dieses tapfere Verhalten ist so außergewöhnlich, dass es sogar noch in der Regimentschronik aus dem Jahr 1931 erwähnt wird. Der Verfasser beginnt mit den Worten „Kein Lob ist groß genug….". Üblicherweise ist in solchen Chroniken von den Heldentaten der adeligen Offiziere beim Sturm auf den Feind die Rede. Dass ein einfacher, 19-jähriger Infanterist für einen

Bahndamm südlich Douaumont

Abbildung 7: Der Bahndamm zwischen der Festung Douaumont und dem Dorf Fleury im Juni 1916. Zehntausende Granaten der Artillerie haben die Landschaft total verwüstet. Kein Baum, kein Haus ist heil geblieben. Foto: public domain.

Rettungseinsatz in der Regimentsgeschichte namentlich erwähnt wird, ist die große Ausnahme.[3]

Paul Mayer wird danach für vier Wochen in das „Rekruten-Depot" hinter die Front versetzt, um seine Erfahrungen an die neu eintreffenden Auszubildenden weitergeben zu können.[4] Die schon länger dienenden Rekruten müssen bald nach vorne, mehr

---

[3] Siehe (Ritter von Reiß, et al. 1931), Seite 171: „Von der 4. Kompagnie (damalige Schreibweise) zeichnete sich bei der Rettung Verwundeter Sergent (Unteroffizier, damalige Schreibweise) Kastl, Gefreiter Kern und der Infanterist Mayer aus." In der Stammrolle dieser Einheit gibt es mit dem Mannschafts-Dienstgrad Infanterist nur einen „Mayer"; eine Verwechselung scheidet daher aus.

[4] Nach damaligem Sprachgebrauch gab es nicht nur für Munition und Verbrauchsgüter Depots hinter der Front, sondern auch für Rekruten. Die jungen neuen Soldaten galten als „Menschenmaterial" und hatten die Gefallenen und Verwundeten in den Einheiten zu ersetzen.

16

als ein Viertel des Regiments hat die letzten Wochen nicht überlebt. Der Regimentskommandeur, Oberstleutnant Franz Epp, erhält für den von ihm geplanten Angriff auf Fleury den bayerischen Max-Joseph-Orden. Damit verbunden ist der persönliche Adelsstand; nun nennt er sich „Ritter von Epp". An Tapferkeit mangelt es ihm genauso wenig wie seinen Soldaten, an Führungskompetenz schon eher. Die taktischen Fähigkeiten der alten Offiziere können mit der technischen Entwicklung der Waffen nicht Schritt halten.

Am 29. August 1916 erklärt das Königreich Rumänien Deutschland und Österreich den Krieg und greift sofort an. Ungarische Gebiete in Siebenbürgen werden besetzt, die schwachen österreichischen Kräfte vor Ort können das nicht verhindern. Das deutsche kaiserliche Oberkommando schickt daraufhin die kampferfahrenen Leiber nun an diese Front.

In Verdun ist nichts mehr zu gewinnen. Insgesamt sterben dort auf beiden Seiten mehr als 700.000 junge Männer den Soldatentod – für ein strategisches Patt.

Major Prinz Heinrich von Bayern
Führer des Regiments
im rumänischen Feldzug ostwärts des Roten-Turmpasses
† 8. 11. 16

Abbildung 8: Major Prinz Heinrich von Bayern, Kommandeur des III. Bataillons. Vertretungsweise Führer des ganzen Leibregiments. Gefallen im Alter von 24 Jahren am Monte Sate in Rumänien. Foto: public domain.

17

Paul Mayer kämpft jetzt wieder unter dem Kommando des Prinzen Heinrich von Bayern, dem Namensgeber der Kaserne in Lenggries.[5] Beim Sturm-Angriff auf das rumänische Dorf Vernesti (Südkarpaten) am 13. Dezember 1916 geraten die bayerischen Soldaten überraschend in Maschinengewehrfeuer; 15 Mann sind tot, 33 verwundet. Bei Letzteren ist auch Paul Mayer; ein Schuss trifft ihn am Fuß. Die Kameraden bergen ihn, er kommt für lange Zeit ins Lazarett.

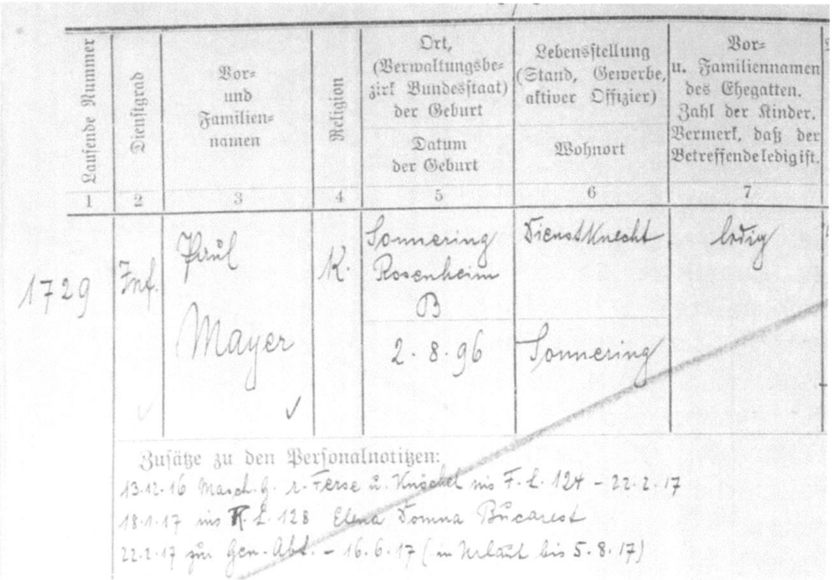

Laufende Nummer	Dienstgrad	Vor- und Familiennamen	Religion	Ort, (Verwaltungsbezirk Bundesstaat) der Geburt / Datum der Geburt	Lebensstellung (Stand, Gewerbe, aktiver Offizier) / Wohnort	Vor- u. Familiennamen des Ehegatten. Zahl der Kinder. Vermerk, daß der Betreffende ledig ist.
1	2	3	4	5	6	7
1729	Inf.	Paul Mayer	K.	Sonnering Rosenheim B / 2.8.96	Dienstknecht / Sonnering	ledig

Zusätze zu den Personalnotizen:
13.12.16 Masch.G. r. Ferse u. Knöchel ins F.L. 124 – 22.2.17
18.1.17 ins K.L. 128 Elena Domna Bucarest
22.2.17 zur Gen.-Abt. – 16.6.17 (in Urlaub bis 5.8.17)

Abbildung 9: Kriegsstammrolle des königl. Inf. Leibregiments, hier Nr. 1729, Paul Mayer, Zusätze zu den Personalnotizen: 13.12.2916 Maschinengewehr (Treffer, Anm. d. Verf.) linke Ferse und Knöchel, ins Feld-Lazarett 124, dann 128 bis zum 22.02.1917. Anschließend zur Genesenen-Abteilung bis 16.06.1917, dann Urlaub bis zum 05.08.1917 (wahrscheinlich Erntehilfe in Sonnering).

---

[5] Major Prinz Heinrich wurde in Verdun verletzt aus dem verschütteten Keller gerettet. Jetzt ist er wieder an vorderster Front mit dabei. Beim Erkunden von Stellungen für die Artillerie erhält er einen Bauchschuss und erliegt am 08.11.1916 seinen Verletzungen. Siehe dazu das Buch des Verfassers: „Die Prinz-Heinrich-Kaserne in Lenggries“.

Noch im Krankenstand erfolgt dann am 30.04.1917 die erste Ordensverleihung. Paul Mayer wird mit dem bayerischen Kriegsverdienstkreuz der III. Klasse ausgezeichnet.[6]

Im Herbst 1917 kämpft das Alpenkorps in Italien, an der Piave-Front nördlich von Venedig. Paul Mayer hat inzwischen auch das Eiserne Kreuz zweiter Klasse, wieder ist er ganz vorne mit dabei. Beim Angriff auf italienische Stellungen gerät seine Kompanie bei Colmirano in schweres feindliches Artilleriefeuer. Granatsplitter verletzen ihn am Kopf und an der rechten Wange. Diesmal ist sein Lazarett-Aufenthalt nur kurz. Bis zum Kriegsende am 11. November 1918 bleibt er im Einsatz an der Front, zuletzt in Serbien. Erst im Dezember 1918 erreicht das Regiment nach langem Fußmarsch den Bahnhof in Szeged, der drittgrößten Stadt Ungarns. Von dort aus können die Männer frierend in offenen Güterzügen über Wien und Passau endlich heimfahren, München erreichen sie kurz vor Weihnachten.[7] Paul Mayer verlässt dann am 23. Januar 1919 die bayerische Armee. In den Akten steht Sonnering als Entlassungsort, der Wohnsitz seiner Eltern. Nachdem er bereits vor dem Krieg eine Anstellung als Knecht auf einem Bauernhof bei Aschau im Chiemgau hatte, geht er ab „Maria Lichtmess"[8] wieder in den Dienst.

---

[6] Dieser Orden wurde während der vier Kriegsjahre insgesamt nur 612-mal vergeben, bei einer Truppenstärke von 550.000 Mann im bayerischen Feldheer (Stand 1918) also sehr selten. Er steht für außergewöhnliche Tapferkeit im Felde. III. Klasse bedeutet nicht „drittklassig". Es ist eine eigene Ordensklasse ab 1913. Siehe dazu: (05.08.2021) https://de.wikipedia.org/wiki/Milit%C3%A4rverdienstorden_(Bayern) Die Daten stammen aus den mittlerweile digitalisierten Kriegsstammrollen des bayerischen Hauptstaatsarchivs. Siehe dazu: (05.08.2021) https://www.ancestry.de/search/categories/39/?name=Paul_Mayer&birth=1896-8-2_sonnering-rosenheim-bayern-deutschland_180689&birth_x=0-0-0

[7] Die Regimentschronisten beschreiben die Stimmung: „'s war alles umsonst, der Kampf, das Siegen, das Sterben, die Not!" (Ritter von Reiß, et al. 1931), S. 458.

[8] Noch bis weit in das 20. Jahrhundert hinein begann in Bayern das Arbeitsjahr in der Landwirtschaft am 2. Februar, „Maria Lichtmess". Siehe: https://www.katholisch.de/artikel/158-ein-licht-fur-die-heiden (08.07.2021)

2. Polizist in der Weimarer Republik

Doch schon im Jahr darauf wechselt er nach München. Seine Bewerbung für den Polizeivollzugsdienst ist von Erfolg gekrönt. Das gelingt nicht jedem, viele ehemalige Soldaten sind nun arbeitslos. Paul Mayers Militärzeugnis mit der Gesamtbeurteilung „sehr gut" ist bei der Einstellung sicher kein Hindernis. Zudem war Hauptmann Emmerich Freiherr von Godin im Krieg für einige Zeit sein Kompaniechef. Er ist der ältere Bruder des Leutnants der Münchner Landespolizei, Michael von Godin; eine Empfehlung ist zu vermuten. Paul Mayer besucht die Polizeischule und qualifiziert sich für den „mittleren Dienst". Als Wachtmeister und später als Oberwachtmeister ist er

Abbildung 10: Paul Mayer als Polizist in der Münchner Ludwigstraße, rechts hinten die Ludwigskirche. Das Bild zeigt ihn als "Oberwachtmeister" (erkennbar an dem Stern auf der Schulterklappe). Im dritten Knopfloch von unten das Ordensband des Eisernen Kreuzes II Klasse. Foto: public domain.

im Streifendienst tätig. Parallel dazu gelingt es ihm, mit Hilfe von privatem Unterricht die „mittlere Reife" nachzuholen. Sein Ziel ist der Aufstieg zum Kommissar, dazu belegt er Fernkurse. Doch dafür gibt es in der Stadt keine freien Planstellen. So wechselt er 1929 zur „Landpolizei", zur Gendarmerie. Er ist bereit, sich ins

20

ländliche Bayern versetzen zu lassen. Prompt muss er weit von München weg. Er bekommt einen Dienstposten in Neuschönau bei Grafenau im Bayerischen Wald zugewiesen. Damit verbunden ist aber die Beförderung zum Gendarmerie-Hauptwachtmeister. Am 27. Mai 1930 heiratet er die 24-jährige Friseurin Rosa Windisch. In München, nicht an seinem Wohnort im Bayerischen Wald:

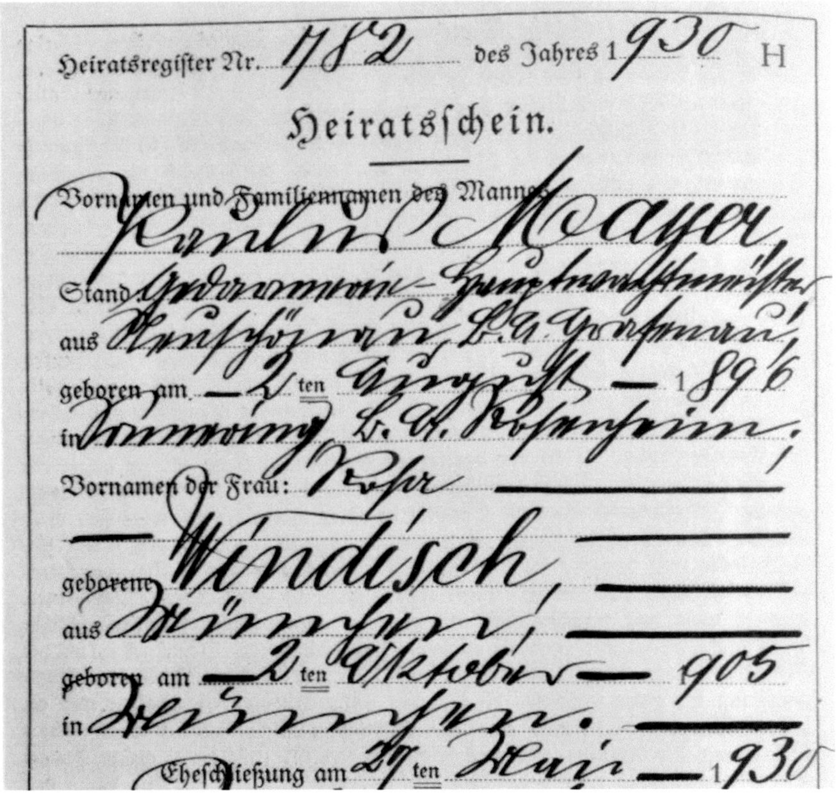
Heiratsregister Nr. 1782 des Jahres 1930 H

Heiratsschein.

Vornamen und Familiennamen des Mannes: Paulus Mayer,
Stand: Gendarmerie-Hauptwachtmeister
aus Neuschönau, B.A. Grafenau,
geboren am 2ten August 1896
in Sonnering, B.A. Rosenheim;
Vornamen der Frau: Rosa
Windisch,
geborene
aus München,
geboren am 2ten Oktober 1905
in München.
Eheschließung am 27ten Mai 1930

Abbildung 11: Heiratsschein, Paulus Mayer, Gendarmerie-Hauptwachtmeister, aus Neuschönau, Bezirksamt Grafenau, geboren am 2. August 1896 in Sonnering, Bezirksamt Rosenheim, heiratet am 27. Mai 1930 in München die am 2. Oktober 1905 geborene Rosa Windisch aus München. © M. Mayer

Lange bleibt er nicht fern der Heimat. Als im Jahr darauf sein einziger Sohn Paul Günther Xaver Mayer geboren wird, ist sein Dienstort bereits das niederbayerische Eggenfelden. In der

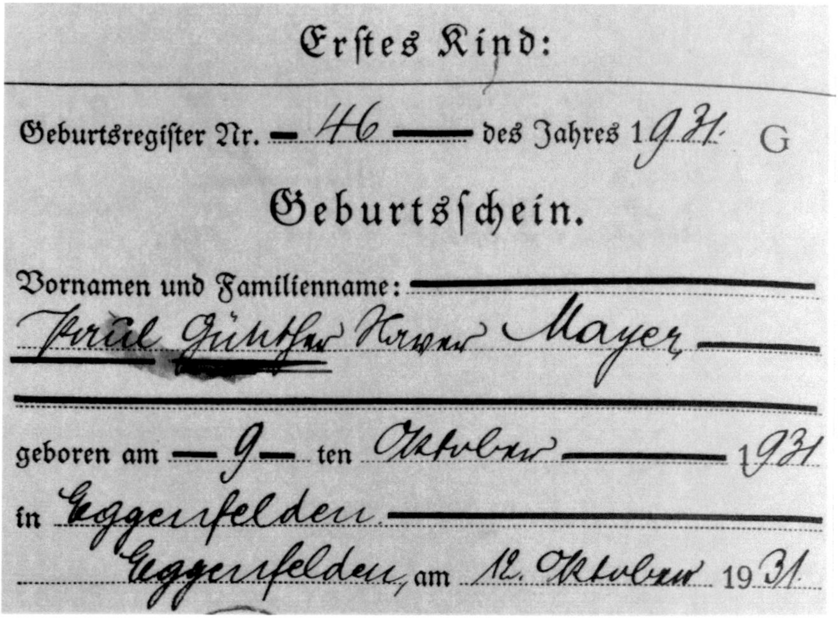

Erstes Kind:

Geburtsregister Nr. 46 des Jahres 1931. G

Geburtsschein.

Vornamen und Familienname: Paul Günther Xaver Mayer

geboren am 9ten Oktober 1931

in Eggenfelden

Eggenfelden, am 12. Oktober 1931

Abbildung 12: Amtlicher Geburtsschein von Paul Günther Xaver Mayer, Geburtsdatum: 9. Oktober 1931, Ort: Eggenfelden (Niederbayern). © M. Mayer

kleinen Stadt erlebt er im Frühjahr 1933 den Aufstieg eines ehemaligen Weltkriegs-Gefreiten zum nationalsozialistischen Reichskanzler. Paul Mayer hat bei der letzten freien Wahl SPD gewählt. Er ist mit den Methoden der neuen Machthaber ganz und gar nicht einverstanden. Die Begeisterung vieler seiner Kollegen für die neue „Bewegung" ist ihm fremd. Obwohl Paul Mayer kurz darauf die Prüfung zum Kommissar besteht und bei der Kriminalpolizei in eine gehobene Laufbahn wechseln könnte, zieht er deshalb die Tätigkeit als „Landpolizist" vor.

3. Die ersten Jahre im Nationalsozialismus

Schon kurz nach der Machtergreifung im Januar 1933 begann der nationalsozialistische Einfluss auf die Polizei. Zunächst sorgte Hitler dafür, dass man seinen Mitstreiter Heinrich Himmler zum Chef der „Politischen Polizei" in Bayern ernannte; das geschah bereits am 1. April 1933. Gleichzeitig gründete Hermann Göring in Berlin die „Geheime Staatspolizei" als Nachfolgeorganisation für die politischen Polizeien in Deutschland.[9] Diese sollte alle Gegner der Nationalsozialisten mundtot machen und operierte dabei im rechtsfreien Raum. Das hieß in der Praxis, Gestapo-Beamte konnten verhaften, foltern, ja sogar Verdächtige töten, ohne ihrerseits strafrechtlich belangt zu werden.

Der ehrgeizige Heinrich Himmler beschnitt Görings Einfluss und baute seine Macht aus. Die von ihm geführte „Schutzstaffel" (SS) übernahm Mitte März 1936 die Kontrolle über die gesamte deutsche Polizei. Himmler führte in Personalunion nun beide Organisationen und strukturierte um. Die Kriminal-Polizei (Kripo), die Geheime Staatspolizei (Gestapo) und die Sicherheitspolizei (SD) kamen unter das Kommando des SS-Gruppenführers Reinhard Heydrich. Der zahlenmäßig größere Bereich hieß nun Ordnungspolizei (Orpo). er bestand aus einer „Schutzpolizei" für Städte, einer „Gemeindepolizei" und einer „Gendarmerie" für ländliche Bereiche. Chef der deutschlandweit 240.000 Polizisten wurde hier der SS-Oberstgruppenführer Kurt Daluege. Polizei-Dienstgrade orientierten sich jetzt an der Wehrmacht.[10]

---

[9] Schon im Februar 1933 bekam der erst 33-jährige Rudolf Diels den Auftrag die „Geheime Staatspolizei" (Gestapo) aufzubauen. Diels wurde kurz darauf zweiter Ehemann von Görings Schwägerin Ilse. Siehe dazu:
https://catalog.archives.gov/id/139327962 (29.08.2021)

[10] Siehe das Protokoll der Vernehmung des Chefs der deutschen „Ordnungspolizei", SS-Oberstgruppenführer Kurt Daluege, durch US-Offiziere am Kriegsende:
https://catalog.archives.gov/id/57319239 S. 13 ff. (05.08.2021)

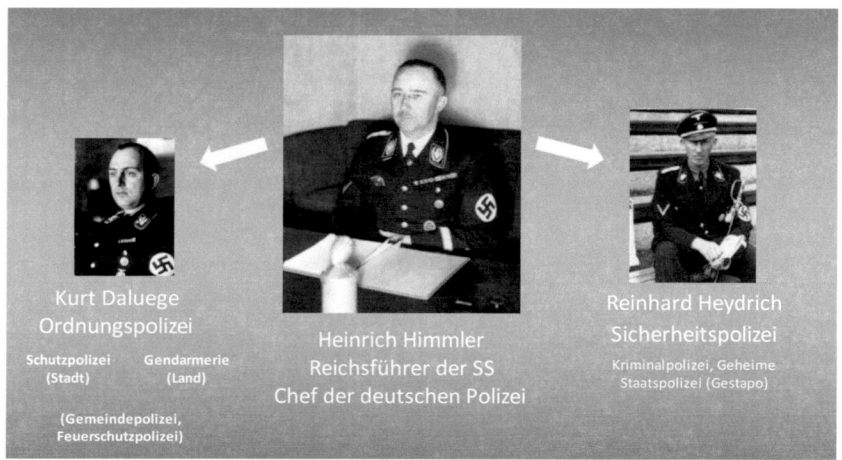

Kurt Daluege
Ordnungspolizei

Schutzpolizei   Gendarmerie
(Stadt)   (Land)

(Gemeindepolizei,
Feuerschutzpolizei)

Heinrich Himmler
Reichsführer der SS
Chef der deutschen Polizei

Reinhard Heydrich
Sicherheitspolizei

Kriminalpolizei, Geheime
Staatspolizei (Gestapo)

Abbildung 13: Die Führungskräfte der deutschen Polizei nach der Strukturreform im März 1936. Sowohl die für zahllose Verbrechen verantwortliche „Sicherheitspolizei" (Sipo) als auch die herkömmliche „Ordnungspolizei" (Orpo) sind fest in der Hand der SS. Grafik: Eigene Darstellung.

Fortan trugen alle höheren Vorgesetzten der deutschen Polizisten die schwarze Uniform der SS, der grausamsten verbrecherischen Organisation in der deutschen Geschichte. Für die Öffentlichkeit war das nicht sofort zu erkennen. Der Propagandaapparat arbeitete sehr erfolgreich an der Darstellung nach außen. So präsentierten die Nationalsozialisten der Bevölkerung den typischen Polizisten als „Schutzmann". Der griffige Slogan „Die Polizei, Dein Freund, Dein Helfer" prägte sich für lange Zeit ein. In Wirklichkeit musste jeder Polizist der Gestapo zuarbeiten. Himmler betrachtete die SS und die damit verwobene Polizei als Elite, als Rückgrat der nationalsozialistischen Bewegung. Es gab nun am 29. Januar jeden Jahres einen eigenen „Tag der Polizei". Mit pathetischen Reden riefen die Nazi-Größen die Dienste der Beamten ins Gedächtnis – natürlich nicht die der Gestapo in den Folterkellern und die der SS-Schergen in Konzentrationslagern.

24

An diesem Tag sammelten die vielen uniformierten Polizisten im ganzen Land für das „Winterhilfswerk" (WHW). Diese NS-Organisation leistete Sozialhilfe für in Not geratene Personen. Das erhebliche Spendenaufkommen entlastete den steuerfinanzierten Staatshaushalt, der eigentlich dafür zuständig gewesen wäre. So blieben mehr Mittel für die Aufrüstung übrig. Nach innen wuchs nun auch der Druck auf die einfachen Polizisten, sich zumindest einer nationalsozialistischen

Abbildung 14: Im Auftrag der SS erstelltes Plakat zum „Tag der Deutschen Polizei" (immer am 29. Januar). Die positive Darstellung eines hilfsbereiten „Schutzmanns" sollte die Spendenbereitschaft für das Winterhilfswerk (WHW) erhöhen. Grafik: public domain.

Unterorganisation anzuschließen. Führungskräfte der Polizei sollten „Partei-Genossen" (Pg.), also Mitglieder der NSDAP werden, oder den Dienst quittieren.[11]

---

[11] Siehe US-Befragung des „Höheren SS- und Polizeiführers von München", Friedrich Karl von Eberstein: https://catalog.archives.gov/id/73088331 (22.08.2021)

Paul Mayer änderte als Ordnungspolizist in Eggenfelden seine Dienstauffassung nicht. Er verhaftete Straftäter – egal ob jemand Nationalsozialist war oder nicht. So landeten „schlagkräftige" SA-Männer im Polizeigefängnis, deren Beschwerden an die Partei blieben nicht aus. Das hatte für Paul Mayer alsbald unangenehme Konsequenzen. Am 1. Februar 1935 wurde er wegen zu scharfen Vorgehens gegen „Partei-Genossen" nach Rotthalmünster strafversetzt.[12] Die Funktionäre der NSDAP hatten jetzt genügend Einfluss auf die oberen Polizeiführer in München.

Doch auch hier blieb er nicht lange. Zwar konnte man ihm kein echtes dienstliches Fehlverhalten nachweisen, aber die Parteivertreter vor Ort meinten, er stünde der Weltanschauung der Nationalsozialisten nicht nahe genug. Eine wohl zutreffende Behauptung. Es folgte prompt die nächste Versetzung, dieses Mal nach Oberau, einen Ortsteil der damals selbstständigen Gemeinde Au bei Berchtesgaden. Nur rund fünf Kilometer davon entfernt ließ Hitler gerade

Abbildung 15: Paul Mayer in Polizei-Uniform bei Oberau/Berchtesgaden mit unbekannten Begleitern. Er trägt eine Schirmmütze; die Uniform der Polizisten wurde der Wehrmacht angeglichen. Foto 1937, © M. Mayer.

---

[12] So lautet der Bericht des Eggenfeldener Bürgermeisters Lorenz Fichtner aus dem Jahr 1946. Im Rahmen eines „Entnazifizierungsverfahrens" forderte das Gericht („Spruchkammer") in Bad Tölz solche Berichte über Paul Mayer ein.

26

seinen repräsentativen Berghof am Obersalzberg errichten. In der Nähe des „Führer-Sperrgebiets", im Umfeld vieler SS-Offiziere, wähnte man Paul Mayer gut aufgehoben. Ein Irrtum, denn kurz nach seinem Eintreffen nahm er am 11. Juni 1936 in der alten Polizei-Uniform aus der Weimarer Zeit an der örtlichen Fronleichnamsprozession teil.[13] Ein doppelter Affront, denn als uniformierter Beamter hätte er beim Zurückdrängen kirchlichen Lebens auf den innerkirchlichen Raum doch mitwirken müssen.[14] Es folgte ein „Gespräch" mit seinem Vorgesetzten in München, Oberst der Gendarmerie Hans Daeuwel. Dabei muss ihm klar geworden sein, dass sein Verhalten niemandem helfen konnte. Er hatte für seine kleine Familie zu sorgen und stand jetzt kurz vor der Entlassung, wenn nicht sogar vor der Einweisung nach Dachau ins Konzentrationslager. Oberst Daeuwel riet ihm wohl dringend, Nähe zur nationalsozialistischen Bewegung zu zeigen. Er empfahl einen Antrag auf Parteimitgliedschaft. Nicht ohne Eigennutz, denn Paul Mayer war einer der letzten Polizei-Obermeister, die gar keiner Nazi-Organisation angehörten. Nur wenn Daeuwel nach „oben" melden konnte, dass hundert Prozent seiner Untergebenen nachweislich Angehörige der nationalsozialistischen Bewegung wären, konnte er selbst Generalmajor werden. Beförderungen gab es ja nur noch bei passender politscher Beurteilung.

Daraufhin stellte Paul Mayer einen Mitgliedsantrag für die NSDAP. Oberst Daeuwel, selbst Soldat im Ersten Weltkrieg, befürwortete ihn sofort und verwies auf Paul Mayers tapferes Verhalten im bayerischen Leibregiment. So kam ein Gegner der Nationalsozialisten zu einem Parteiabzeichen.

---

[13] Siehe dazu (Schrafstetter 2015), S. 72
[14] Wahre Nationalsozialisten hatten gegen kirchlichen Einfluss zu kämpfen. Hier vermutete man (zurecht!) Widerstand gegen ihre „Bewegung". Siehe dazu z. B.: https://www.heimatforschung-regensburg.de/2143/1/1223758_DTL2331.pdf S. 25 ff. (30.08.2021)

Nationalsozialistische Deutsche Arbeiterpartei

Gauleitung München-Oberbayern

Fernruf 123 43 oder 105 41 / Bankkonto: Nr. 4296 Bayerische Gemeindebank München, Nr. 6240 Bank der Deutschen Arbeit München / Postscheckkonto München Nr. 27588

NSDAP, Gauleitung München-Oberbayern, München 30, Prannerstrasse 20

An

das Gaupersonalamt
Hauptst. Pol. Beurteilung

im Hause.

16. Aug. 1943

Amt: Kanzlei des Zeichen: U/Lu.   München 30, den   13. August 1943
Gauleiters   Schalterfach
Betrifft: Hans Daeuwel, Oberst d. Gend.
München, Friedrichstr. 20/3.
Ihr Zeichen: L/Os. - D 664

Gegen eine Charakterisierung des Obersten
der Gend. Daeuwel als Generalmajor der
Polizei wird eine Einwendung nicht erhoben.

Heil Hitler!
I.A.

(Klessing)
Hauptgemeinschaftsleiter

Abbildung 16: Oberst Daeuwel, der Kommandeur der Gendarmerie im Gau München-Oberbayern darf befördert werden, die Partei hat nichts dagegen. Ein Beispiel für die Machtbefugnisse der NSDAP im Bereich der Polizei. US National Archives (NARA), public domain.

28

Hitler regierte jetzt immer öfter vom Obersalzberg aus. Im benachbarten Bischofswiesen entstand sogar eine Außenstelle der Berliner Reichskanzlei.[15] Paul Mayer, jetzt „Parteigenosse", gelang es, direkt unter den Augen der Nazi-Größen völlig unauffällig zu bleiben. Eine Fähigkeit, die ihm später noch von großem Nutzen sein sollte.

*

Anfang 1941 war es dann wieder soweit, Paul Mayers nächste Versetzung stand an. Diesmal allerdings in Verbindung mit einer Beförderung. Oberst Daeuwel ernannte ihn mit Wirkung vom 1. Februar 1941 zum Kommandanten des Gendarmeriepostens in Lenggries. Das Dorf im Isarwinkel galt als „schwarzes Nest", dem Nationalsozialismus gegenüber als sehr wenig aufgeschlossen.

Abbildung 17: Das Ortszentrum von Lenggries um 1940. Benzin war im ganzen Reich knapp, die Reichspost stellte deshalb wieder Pferdekutschen in den Dienst. Foto: © Archiv Buidleck, Sammlung Claus Eder, Lenggries.

---

[15] Siehe dazu:
https://de.wikipedia.org/wiki/F%C3%BChrersperrgebiet_Obersalzberg#Regierungsgesch%C3%A4fte_und_Repr%C3%A4sentation (30.08.2021)

4. Die Familie der jüdischen Ärztin Dr. Sophie Mayer

Sophie Johanna Mayer, geboren am 20. August 1897 in Mainz, war nur gut ein Jahr jünger als Paul Mayer. Die Namensgleichheit und die identische Schreibweise sind rein zufällig. Die zehn Jahre alte Sophie zog zusammen mit ihren Eltern Julius Mayer und seiner Ehefrau Paula und ihrer vier Jahre jüngeren Schwester Elisabeth Charlotte (genannt Lieselotte) im Jahr 1907 nach München. Julius Mayer bekam eine Anstellung als Prokurist in der gut

Abbildung 18: Familie Mayer in der Wagmüllerstr., München. Von li. n. r.: Lieselotte, Mutter Paula, Sophie, Vater Julius. Foto: etwa 1915, © M. Mayer.

gehenden Bettfedernfabrik Adler seiner Schwiegereltern. Der vermögenden Familie gehörte ein mehrstöckiges Haus in der Wagmüllerstraße, unweit des Englischen Gartens.[16]

Sophie besuchte die jüdische höhere Mädchenschule in der Stadt und immatrikulierte sich nach dem Abitur zum Wintersemester 1918/19 an der nahe gelegenen Ludwig-Maximilians-Universität im Fach Medizin. Nach 10 Semestern absolvierte sie erfolgreich die Staatsprüfung. 1924 folgte die Approbation, ein Jahr später die Promotion. Zunächst übernahm sie als Ärztin verschiedene Praxis-Vertretungen in München und wohnte weiterhin bei ihren Eltern. Später konnte Sophie dann in der Augsburger Innenstadt,

---

[16] Siehe: (Ebert 2003), S. 181 und
https://gedenkbuch.muenchen.de/index.php?id=gedenkbuch_link&gid=7456
(30.08.2021)

30

in der Maximiliansstraße, eine eigene Praxis für Allgemeinmedizin eröffnen.[17]

Schwester Lieselotte begeisterte sich für Musik. Nach dem erfolgreichen Besuch einer höheren Schule studierte sie zwei Jahre lang Gesang und lebte als „Haustochter" unverheiratet bei ihren Eltern.

Ab 1933 begann dann auch für die jüdische Familie Mayer Schritt für Schritt die Vernichtung ihrer bisherigen Existenz. Sophie gab ihre Praxis in Augsburg auf und kehrte zu ihren Eltern zurück. Das Haus an der Wagmüllerstraße

Abbildung 19: Allerheiligen-Konzert in München 1922. Gesangsvereine waren damals weit verbreitet, die Konfession spielte noch keine wesentliche Rolle. Foto: Autor

20 mussten die Mayers aber bald zwangsweise an die neu gegründete Luftwaffe verkaufen, denn dort entstand das „Luftkreiskommando 5".[18] Der weit unter dem Verkehrswert liegende Kaufpreis floss auf ein Sperrkonto. Ein Abheben des Guthabens war praktisch unmöglich, denn alle einhundert Reichsmark übersteigenden Beträge bedurften einer speziellen

---

[17] Ebd.
[18] Einzelheiten zur Aufrüstung in der Stadt schildert der Verfasser in seinem Buch „Kriegsende in München".

31

Erlaubnis durch das Finanzamt, die natürlich für Juden so gut wie nie erteilt wurde.[19] Gleichzeitig begann die NS-Bürokratie, der jüdischen Bevölkerung in München bestimmte Wohnsitze zuzuweisen, es bildeten sich Juden-Ghettos in der Stadt. Ein gelber Stern war jetzt an der Kleidung zu tragen, ab August 1938 gab es neue Ausweise mit einem großen eingestempelten „J" und dem zwangsweisen zweiten Vornamen „Israel" für Männer beziehungsweise „Sarah" für Frauen.[20]

Sophie verlor, wie auch alle anderen jüdischen Ärzte, am 30. September 1938 auf Anweisung Hitlers ihre Zulassung. Fortan durfte sie nur noch Juden (privat) behandeln.[21] Daraufhin ging sie für kurze Zeit nach Köln und erwarb ein Examen als Krankenschwester, um wenigstens als Angestellte in medizinischen Berufen arbeiten zu können. Vergebens, denn bei ihrer Rückkehr nach München erfolgte die Verpflichtung zur Zwangsarbeit. Die Behörden wiesen ihr einen Arbeitsplatz als Hilfskraft in der rüstungswichtigen Batteriefabrik Kammerer am Tassiloplatz 6 zu. Die Tätigkeit dort entsprach nicht im Geringsten ihrer Qualifikation. Doch darum ging es ja nicht, die Verfolgung der jüdischen Bevölkerung hatte Priorität. Die Familie musste dann im Herbst 1941 nach Berg am Laim, in die Clemens-August-Straße 9 umziehen. Dort, beengt in einem kleinen baufälligen Seitentrakt des alten Klosters der Barmherzigen

---

[19] Diese Erlaubnis erteilte das Finanzamt nur in Ausnahmefällen, z. B. bei einer Auswanderung. Dann wurden aber 95 % (!) „Reichsfluchtsteuer" einbehalten. Siehe dazu: (Schrafstetter 2015), S. 31 ff.

[20] Eine Zusammenfassung der zahlreichen Schikanen bietet z. B. (Schrafstetter 2015) S. 36 f. Sie steigerten sich am 9./10. November 1938 zu Pogromen. Dabei wurde auch Sophies Onkel Karl Adler, der Gesellschafter der Bettfedernfabrik Adler, verhaftet. Er starb am 11.11.1938 im KZ Dachau eines gewaltsamen Todes. Siehe: (30.08.2021) https://gedenkbuch.muenchen.de/index.php?id=gedenkbuch_link&gid=11070

[21] Lt. § 1 der 4. Verordnung zum „Reichsbürgergesetz", siehe z. B. https://www.aerzteblatt.de/archiv/61644/Approbationsentzug-fuer-juedische-Aerzte-Bestallung-erloschen (30.08.2021)

32

Schwestern, befand sich das zweitgrößte jüdische Ghetto in der Stadt. Die ganze Familie bekam nur einen einzigen ungeheizten Raum zugewiesen und lebte in ständiger Furcht vor der Verschleppung nach Osten, „Evakuierung" genannt. Julius Mayer überlebte die Strapazen nicht. Er starb am 23. März 1942 im Alter von 79 Jahren in der Unterkunft. Sophie Mayer versuchte so lange wie möglich dem engen, bewachten Ghetto fernzubleiben. Da den Juden inzwischen die Nutzung der Straßenbahn verboten war, musste sie zu Fuß zur Arbeitsstelle nach Giesing. Außerdem gestattete die Gestapo den Lebensmitteleinkauf nur in wenigen, sehr weit entfernten Geschäften; eine weitere Schikane. Das nutzte sie für Umwege. Am liebsten ging sie in den wohlvertrauten Englischen Garten. Dort traf sie des Öfteren eine gute Bekannte aus früheren Jahren, beide führten damals ihre Hunde in diese Parkanlage. Maria Lethnar, geborene Windisch, störte der gelbe Judenstern an Sophies Mantel nicht. Die beiden etwa gleichaltrigen Frauen freundeten sich an. Sophie erzählte von

Abbildung 20: Vom jüdischen Ghetto in Berg am Laim steht nur noch das Eingangstor. Der Gedenkstein darin erinnert an das Schicksal der Bewohner. Jüdische Besucher legen darauf zur Erinnerung einen Kieselstein ab. Foto: ©Autor.

der allen Juden drohenden Evakuierung, auf keinen Fall wollte sie die „Reise ohne Wiederkehr" antreten.[22].

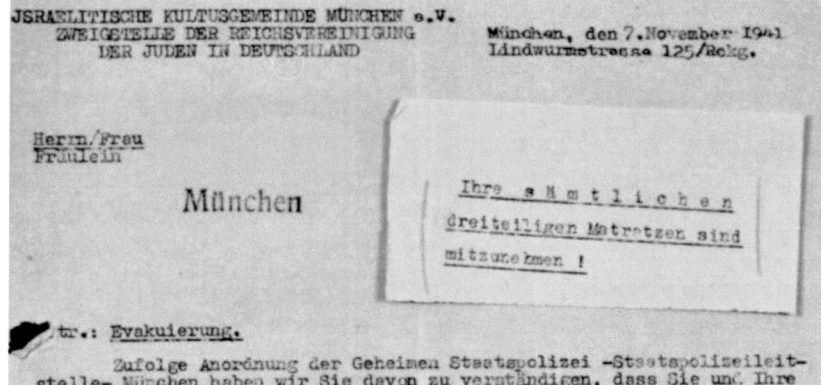

Abbildung 21: Anordnung zur ersten „Evakuierung" jüdischer Personen aus München. Am 31. Juli 1941 beauftragte Reichsmarschall Göring den Chef der Sicherheitspolizei, Reinhard Heydrich, mit der „Endlösung" der Judenfrage. Dessen Geheime Staatspolizei organisierte dann die „Evakuierung" nach Osten und bediente sich dabei der Israelitischen Kultusgemeinden, daher der Absender. Bereits ab dem 11. November sollten sich die für diesen Transport Eingeteilten bereithalten, der Zug fuhr dann am 20.11.1941. Foto: public domain.

---

[22] Am 20. November 1941 fuhr ab München-Milbertshofen der erste Sonderzug mit 999 jüdischen Insassen nach Kaunas/Litauen, als „Evakuierung" deklariert. Fünf Tage später waren alle tot, erschossen von einem Sonderkommando der „Sicherheitspolizei" unter der Leitung von SS-Standartenführer Karl Jäger. Als dann in München kein Lebenszeichen der Verschleppten ankam, befürchteten die Juden im Ghetto zu Recht das Schlimmste. Siehe dazu (Schrafstetter 2015), S. 44 und (Ebert 2003), S. 182 sowie die Zusammenfassung: (30.08.2021)
https://gedenkbuch.muenchen.de/index.php?id=heimanlage_berg_am_laim

Maria Lethnar versprach Hilfe. Sie habe eine Cousine in Deggendorf und ihre verheiratete Schwester Rosa in Lenggries. Auf dem Land würde sich schon ein Versteck finden lassen, viel eher als in der gut überwachten Stadt. Am Freitag, den 10. Juli 1942 kam dann der befürchtete Evakuierungsbrief für Mutter Paula. Sie eilte unter dem Vorwand, ihre Tochter hätte etwas vergessen, sofort zu Fuß zur Firma Kammerer, Sophies Arbeitsplatz. Es muss ein furchtbarer Schock für die Frauen gewesen sein. Ob es Zufall war oder Vorsehung, das

Abbildung 22: Paula Mayer, Sophies Mutter. Passbild aus der "Kennkarte" des Jahres 1938. Foto: Stadtarchiv München, eigene Bearbeitung.

lässt sich nicht feststellen. Jedenfalls nahm Sophie nach Arbeitsende wieder einmal den Umweg über den Englischen Garten und traf dort tatsächlich Maria Lethnar an. Gemeinsam beschlossen sie das weitere Vorgehen. Mutter Paula sollte noch am Abend auf Marias Empfehlung hin einen „Abschiedsbrief" schreiben, wonach sie mit ihren beiden Töchtern im Perlacher Forst aus dem Leben scheiden wolle. Das klang plausibel, Sophie könnte ja als Ärztin über geeignete Mittel verfügen. Zuhause angekommen telefonierte Maria am Abend mit ihrer Schwester und dem Schwager in Lenggries. Postenkommandant Paul Mayer und seine Frau Rosa zögerten keinen Augenblick, sie würden eine der drei Frauen aufnehmen. Auch Marias Cousine in Deggendorf verfügte glücklicherweise über einen damals noch seltenen Telefonanschluss. Sie sicherte ebenfalls ihre Unterstützung zu, zwei Personen könnten zu ihr auf den Dachboden.

35

Abbildung 23: Lieselotte, links, und ihre Schwester Dr. Sophie Mayer. Foto etwa 1930, public domain.

Am nächsten Morgen ließen die drei Frauen den Abschiedsbrief sichtbar auf dem Tisch im Juden-Ghetto liegen und schlichen sich am wenig aufmerksamen Wachtposten vorbei. Sofort kamen die gelben „Judensterne" weg. Maria hatte Bahnfahrkarten besorgt. Keinesfalls wollten Liselotte und Sophie die betagte Mutter alleine lassen. So entschied sich Sophie, nach Lenggries zu gehen. Ihre jüngere Schwester Lieselotte blieb bei Mutter Paula. Schweren Herzens verabschiedeten sich die drei am Münchner Hauptbahnhof. Es sollte für immer sein.

36

5. Das Versteck in Lenggries

Im Wittelsbacher Palais, an der Brienner Str. 50, befand sich das Münchner Gestapo-Hauptquartier mit 300 (!) Mitarbeitern.[23] Dort zweifelte man nach dem Auffinden des Abschiedsbriefes nicht am Freitod der Frauen, auch wenn es keine Leichen gab. Die konnten im großen Perlacher Forst lange Zeit unentdeckt bleiben. Sehr viele Juden begingen in diesen Zeiten Selbstmord.[24] Jedenfalls unterblieb eine Suche, es gab genug anderes zu tun.

Lieselotte und ihre Mutter kamen wohlbehalten in Deggendorf an. Marias Cousine Rosi Fischer versteckte die beiden auf dem Dachboden eines Bauernhofs. Doch die Situation bedrückte die beiden in den folgenden Monaten immer mehr. Sie fürchteten gefunden zu werden und damit auch ihre Retter in Todesgefahr zu bringen. Über die genauen Umstände ist leider wenig bekannt, jedenfalls sprangen sie fast zwei Jahre später, am 15. März 1944, in selbstmörderischer Absicht von der Donaubrücke. Lieselotte, die nicht schwimmen konnte, blieb verschollen. Paula Mayers Leiche wurde später flussabwärts hinter Passau angeschwemmt, eine Identifizierung gelang zunächst nicht.[25]

Abbildung 24: Die Donaubrücke in Deggendorf um 1942. Foto: public domain.

---

[23] Nur in Berlin gab es noch mehr Gestapo-Beamte. Siehe (Schrafstetter 2015), S. 40.

[24] Lt. (Schrafstetter 2015) S. 55 gibt es bei zu evakuierenden Juden über 130 Suizide.

[25] Sehr wahrscheinlich ein wohlüberlegter Ort für einen Suizid. Das Auffinden einer Leiche hätte unweigerlich zu Ermittlungen geführt, das wollten die beiden vermeiden. Sowohl Sophie in Lenggries als auch die mutigen Retter konnten sie auf diese Weise schützen. Siehe dazu: (Schrafstetter 2015), S. 70 und (Ebert 2003) S. 183

Sophie erreichte am Samstagnachmittag, den 11. Juli 1942, unbehelligt ihren Zielbahnhof. Mit ihrem kleinen Koffer entsprach sie einer „Sommerfrischlerin", einer Dame aus der Stadt, die hier ihren Urlaub verbringen wollte. Die Nacht auf Sonntag verbrachte sie im nahe gelegenen „Lenggrieser Hof", vermutlich ohne sich bei der Anmeldung ausweisen zu müssen. Ihre „Kennkarte" mit dem Zwangsvornamen „Sarah" und dem großen „J" für Jude hätte sie sofort verraten. Von der gutmütigen Wirtin bekam sie sogar ein Abendessen, ohne Lebensmittelmarken vorlegen zu müssen. Erst jetzt, am dienstfreien Sonntag, war es Paul Mayer möglich, sie unbemerkt in die Dienstwohnung kommen zu lassen.

Abbildung 25: Das "Heyfelder-Haus" in der Lenggrieser Bahnhofstraße, Nr. 14. Im Erdgeschoß befanden sich die Amtsräume des Gendarmerie-Postens, die Drei-Zimmer-Dienstwohnung des Kommandanten lag im ersten Stock. Foto: © Autor.

Der einzige Zugang ging durch die Amtsräume des Polizei-Postens. Rosa Mayer holte die ihr bis dahin völlig unbekannte Ärztin im „Lenggrieser Hof" ab und begleitete sie den kurzen Weg zur Bahnhofstraße 14. Die Wohnung des Kommandanten im ersten Stock bestand aus Küche, Flur, Schlaf-, Wohn- und Kinderzimmer. Eigentlich zu klein, um eine Person dort zu verstecken. Deshalb überlegte Paul Mayer auch kurz, Sophie auf einer abgelegenen Berghütte unterzubringen. Den Gedanken verwarf er aber angesichts der viel zu komplizierten Ernährung rasch. Jede Lieferung von Lebensmitteln barg das Risiko einer Entdeckung. Besser, Sophie blieb unbemerkt im Haus. Also stellte er seinem zehnjährigen Sohn Pauli[26] die neue Mitbewohnerin als „Tante Toni" vor, diese würde ab sofort bei ihnen wohnen, das solle aber keiner wissen. Pauli akzeptierte das sofort und räumte für sie sein Kinderzimmer. Mit dem Schäferhund der Familie, Rolf, freundete sich die tierliebe Sophie sowieso schnell an. Ihren eigenen Hund vermisste sie sehr, das Halten von Haustieren war Juden ja schon länger verboten. So verbrachte Frau Dr. Sophie Mayer ihre Tage im Kinderzimmer bei zugezogenen Vorhängen. Meist lesend im Bett, denn die Holzdielen durften nicht knarzen, um ja keinen Verdacht zu erregen. Die Lebensmittelversorgung der neuen Mitbewohnerin gestaltete sich nicht so einfach. Eine Anmeldung als weiteres Haushaltsmitglied kam aus verständlichen Gründen hier nicht in Frage, deshalb gab es keine Lebensmittelmarken. Als Ehefrau eines Polizisten konnte Rosa auch nicht auf dem Schwarzmarkt einkaufen.

*

---

[26] Paul Mayers Sohn wird in einigen Publikationen nur mit seinem zweiten Rufnamen Günther genannt, so z. B. bei (Ebert 2003), S. 182. In der Familie hieß er Pauli.

Paul Mayer löste das Problem auf seine Weise. Von Anfang an fand er sich im christlich geprägten, königstreuen Dorfe gut zurecht. Mit den zahlreichen kriegsgedienten Lenggriesern verband ihn Kameradschaft, schon bald sprach man von ihm respektvoll als dem „Kommissär"[27]. Bei kleineren Verstößen reagierte er großzügig, das sprach sich schnell herum. Besonderes Verständnis zeigte Paul Mayer für die Sorgen und Nöte der Bauern. Als ehemaliger Dienstknecht konnte er mit Fachwissen aufwarten, ein Vorteil im Umgang mit den Landwirten. Besonders über Georg Führmann, den „Obmann", den Vorsitzenden des Bauernverbandes, hielt Paul Mayer seine schützende Hand. Keine leichte Aufgabe, denn Führmann machte aus seiner Anti-Hitler-Einstellung kein Geheimnis. Mehrmals konnte Paul Mayer die Einweisung des Bauern-Obmanns in ein Konzentrationslager gerade noch verhindern. Dafür waren ihm nun viele Landwirte wohlgesonnen. Als dann noch der „Kommissär" bei den anstehenden Ernten fleißig mithalf, konnte die Ernährungsfrage für seinen Schützling als gelöst betrachtet werden. Als Lohn gab es von den dankbaren Bauern Milch, Butter und gelegentlich auch Eier und Fleisch. Das geschah natürlich im Verborgenen. Als redselig galten die Landwirte im Ort ohnehin nicht und ihr schlaues Vorgehen beim Umgehen von Vorschriften der nationalsozialistischen Obrigkeit war sprichwörtlich. Hätten die Hitler-Anhänger im Dorf auch nur das Geringste geahnt, Paul Mayers Schicksal und das seiner Frau wäre besiegelt gewesen. So sahen sie den Kommandanten weiterhin als einen der ihren an, schließlich trug Paul Mayer neben seiner Ordensspange ja auch ein Parteiabzeichen.

---

[27] Im Königreich Bayern ist der „Kommissär" der uniformierte Vertreter der Obrigkeit vor Ort, zuständig für Recht und Ordnung. Die althergebrachte Amtsbezeichnung ist als Ehrentitel zu verstehen – und als Abgrenzung zur unbeliebten nationalsozialistischen Polizei. In Marktgemeinden und Städten gab es diesen Dienstgrad noch bei der eigenständigen Gemeindepolizei.

Abbildung 26: Ehrendiplom (1930) für den 1899 geborenen Georg Führmann aus Lenggries, Obmann des oberbayerischen christlichen Bauernvereins. Foto: Autor.

41

So gelang es tatsächlich, den Aufenthalt der jüdischen Ärztin eine ganze Zeit lang geheim zu halten. Sophie Mayer verhielt sich vorbildlich, sah nur bei Dunkelheit aus dem Fenster und überlegte jeden Schritt in der kleinen Wohnung. Paul Mayer besuchte regelmäßig abends Georg Führmanns Bauernhof direkt neben der Kaserne – und kam mit vollem Rucksack wieder heim.

Abbildung 27: Zwei Hitlerjungen bei einer sommerlichen Marschübung. Kein Freizeitvergnügen, sondern eine knallharte vormilitärische Ausbildung. Foto: public domain.

Auch der kleine Pauli sprach nicht über den Dauergast im Hause Mayer. Das ist besonders bemerkenswert, da er seit einem Jahr als „Pimpf" Mitglied der Hitlerjugend sein musste.[28] Hier ging es bei weitem nicht nur um sportliche Aktivitäten. Die Jungen hatten den Auftrag, „Volksfeinde" aufzuspüren und als Spitzel Verdächtiges ihren Führern zu melden. Nicht selten gelang es, die Kinder und Jugendlichen ideologisch so sehr zu beeinflussen, dass sie sogar ihre Eltern anschwärzten. Pauli sprach nicht über sein Zuhause, er verriet nichts. Obwohl auf seinem langen Schulweg reichlich Gelegenheit dazu gewesen wäre.[29] Eine damalige Mitschülerin erinnert sich noch gut an ihn: „Ein sehr netter Bub und ein besonderer Mensch."

---

[28] Mit dem 10. Geburtstag begann für Knaben die „Jugenddienstpflicht". Als „Pimpfe", so die Bezeichnung der jüngeren, sollten sie mit der Weltanschauung der Nationalsozialisten vertraut gemacht werden. Siehe dazu: (07.09.2021): https://www.mdr.de/zeitreise/gesetz-hitlerjugend-nationalsozialismus100.html

[29] Pauli Günther Mayer besuchte die Oberschule in Bad Tölz. Diese erreichte er mit dem regelmäßig verkehrenden „Milchzug" von Lenggries aus; Abfahrt: Viertel vor Sieben. Den Rückweg mussten die Lenggrieser Kinder nicht selten zu Fuß bewältigen. Die Personenzüge mit Abfahrt 14:45 Uhr ab Bad Tölz fielen öfter aus, berichteten durch den Autor befragte Zeitzeugen.

6. Schutz-Polizist in Kriegszeiten

Als Paul Mayer 1941 seinen Posten in Lenggries übernahm, hatte Hitler bereits über 7,3 Millionen Soldaten unter Waffen.[30] Nicht nur in Lenggries fehlten deshalb die Väter, Söhne und Brüder – auch als Arbeitskräfte. Die Parteiführung versprach den baldigen „Endsieg" und sorgte für notdürftigen Ersatz durch ausländische Fremdarbeiter. Freiwillig kamen diese in den seltensten Fällen, die meisten wurden aus den besetzten Gebieten verschleppt oder hatten den Status eines Kriegsgefangenen. Im Isarwinkel gab es davon anfangs nur wenige, viel Arbeit blieb so an den Frauen hängen. Dafür sorgten indirekt auch die nationalsozialistischen Organisationen, die sich immer mehr Posten und Pöstchen schufen. Die Partei kontrollierte alles. Die Lage verschlimmerte sich im Laufe des Jahres

Abbildung 28: Gauleiter Adolf Wagner bei der Inspektion eines oberbayerischen Gendarmerie-Postens. Alle Polizisten haben stramm zur Partei zu stehen. Foto: Gauverlag Bayreuth, public domain.

1942, denn der „Endsieg" ließ auf sich warten. Gleichzeitig erhöhte die Nazi-Regierung die „Schlagzahl", auch im wörtlichen Sinne. Die Gendarmerie sollte jetzt auf Weisung Himmlers härter gegen Arbeitsverweigerer und Gesetzesbrecher jeglicher Art vorgehen. Als vermeintliche Rechtsgrundlage galt die

---

[30] Die Truppenstärke von anfangs 4,5 Mill Soldaten verdoppelte sich bis 1944. Siehe: https://de.statista.com/statistik/daten/studie/252298/umfrage/armeestaerken-im-zweiten-weltkrieg-nach-laendern/ (07.09.2021)

„Verordnung gegen Volksschädlinge".[31] Als erste Maßnahmen bei Verstößen standen für die Ortspolizisten Belehrung, Verwarnung aber auch Haft und Einweisung in ein Konzentrationslager zur Verfügung. Besonders letzteres war ganz im Sinne des Reichsführers Heinrich Himmler, denn so gewann die SS kostenlose Arbeitskräfte für ihre Rüstungsbetriebe.

Abbildung 29: Zwei Ortspolizisten auf Steife an der Wackersberger Straße in Lenggries. Foto: © Archiv Buidleck, Sammlung Claus Eder, Lenggries.

Paul Mayer gehörte offensichtlich zu den wenigen bayerischen Gendarmerie-Kommandanten, die sich dem widersetzten. In den pflichtgemäß anzufertigenden Monatsberichten der Gendarmerie finden sich keine von Paul Mayer veranlassten Meldungen an die Gestapo, im Gegenteil. Das Ersuchen der Geheimen Staatspolizei

---

[31] Diese Verordnung vom 5. September 1939 hebelte das bisherige Strafrecht aus. So konnte jetzt für jede noch so geringe Straftat, wie z. B. eine Beleidigung, Zuchthaus oder sogar die Todesstrafe verhängt werden, wenn sie im Zusammenhang mit einer „Ausnutzung des Kriegszustandes" geschah. Ein beliebig dehnbarer Begriff. Siehe dazu: (08.09.2021)
https://de.wikipedia.org/wiki/Verordnung_gegen_Volkssch%C3%A4dlinge

aus München, einen offensichtlich in Lenggries untergetauchten Juden dingfest zu machen, ließ er ins Leere laufen. Seine Rückmeldung: Trotz intensiver Suche leider unauffindbar.[32]

Natürlich gab es in Lenggries auch eine Ortsgruppe der Partei und überzeugte Nationalsozialisten. Diese stellten nicht nur für Paul Mayer eine permanente Bedrohung dar. So arbeitete zum Beispiel ein etwa 18-jähriges Mädel aus Steinbach am 1. Mai, obwohl die

Abbildung 30: In einer ehemaligen Munitionsfabrik aus dem Ersten Weltkrieg entstand ab Frühjahr 1933 bei Dachau das erste Konzentrationslager der Nationalsozialisten. Tausende wurden dort bestialisch gequält und ermordet. Foto: public domain.

Nationalsozialisten das an „ihrem" Feiertag streng verboten hatten.[33] Die Meldung ging über die Parteischiene direkt an die Gestapo. Die Einweisung der jungen Arbeitskraft ins Konzentrationslager Dachau erfolgte umgehend. Doch Paul Mayer stemmte sich dagegen. Mit Hinweis auf das jugendliche Alter[34] und einer von ihm bezeugten einwandfreien Führung in

---

[32] Um Dr. Sophie Mayer handelte es sich dabei nicht. Die Gestapo hielt sie für tot.
[33] Die Nationalsozialisten erklärten 1934 den 1. Mai zum „Nationalen Feiertag des deutschen Volkes". Offenbar reagierte die 18-Jährige auf eine Ermahnung unwirsch. Diese Angaben bestätigten mehrere Zeitzeugen. Eine kurze Schilderung findet sich auch bei (Wasensteiner 2018), S. 58
[34] Den Status „volljährig" erreichte man damals erst mit dem 21. Geburtstag. Das änderte der Deutsche Bundestag erst im Jahr 1974. Siehe dazu:
https://www.bundestag.de/webarchiv/textarchiv/2014/49972428_kw12_kalenderbl att_volljaehrigkeit-216476 (21.10.2021)

der Vergangenheit erreichte er tatsächlich eine Entlassung auf Bewährung. Die Überwachung der Bewährungsauflagen fiel praktischerweise in seine Zuständigkeit.

*

In Lenggries stieg die Bevölkerungszahl nun von Monat zu Monat deutlich an. Immer mehr Stadtbewohner flüchteten ab 1943 vor den alliierten Bomberflotten ins sichere Oberbayern und belegten die Fremdenzimmer. Schließlich mussten die Bürgermeister und Landräte alle geeigneten Unterkunftsmöglichkeiten an die Gauleitung nach München melden. Kurz darauf folgten die ersten Zwangseinweisungen. Das ging nicht ohne Konflikte von statten, Paul Mayer hatte als Ordnungspolizist gut zu tun. Ein besonderer Fall ist gut dokumentiert: Im Haus des Dorfmetzgers Schmid gab es nun einen Untermieter aus einer norddeutschen Großstadt. Offensichtlich ein hundertprozentiger Nationalsozialist, wie es sich bald herausstellte. Als nun eines Tages Metzgersgattin Therese Schmid wieder einmal lautstark ihre Zweifel am „Endsieg" im Speziellen und an der Regierungspraxis der Nationalsozialisten im Allgemeinen äußerte, meldete dies der Untermieter umgehend an die Kreisleitung der Partei in Bad Tölz. Solches Denunziantentum förderten die Nationalsozialisten allerorten, zu dieser Zeit wahrlich keine Seltenheit. Unter einem Vorwand sollte nun die ahnungslose Frau Schmid zu einer „Befragung" dorthin verbracht werden. Im buchstäblich letzten Moment erfuhr Paul Mayer von der Sache, er besuchte gerade zufällig die Familie. Tochter Maria Schmid berichtete, die Mama wäre vor fünf Minuten nach Tölz abgeholt worden. Paul Mayer setzte sich unverzüglich auf sein Dienstmotorrad und eilte mit sehr hoher Geschwindigkeit dem langsam fahrenden Auto hinterher. Er wusste um die Verhörmethoden der Gestapo-

Beamten, die solche „Befragungen" so lange durchführten, bis ein Geständnis vorlag. Alle Polizeischüler hatten ab 1938 im Zuge ihrer Ausbildung vier Monate „Praktikum" bei der Gestapo abzuleisten, um deren „Arbeitsweise" kennen zu lernen.[35] Auf seinen Haltebefehl hin reagierte Frau Schmid entrüstet, doch der Gendarmerie-Kommandant befahl die sofortige Umkehr, er hatte den höheren Dienstgrad und setzte sich durch.[36] Zuhause in Lenggries angekommen, konnte Paul Mayer einen

Abbildung 31: Werbung für DKW-Motorräder aus dem Jahr 1939. Die Ordnungspolizei nutzte diese Modelle als Dienstfahrzeug. Eine Reichsmark (RM) entspricht übrigens heute in etwa einer Kaufkraft von 10 Euro. Grafik: Zeitungsinserat, public domain.

Arzt dazu bewegen, Frau Schmid krank und transportunfähig zu schreiben.[37] Er selbst übernahm anschließend die Vernehmung. Im Protokoll an die Parteileitung in Bad Tölz stand dann etwas über die dem Untermieter leider fehlenden ortsüblichen Sprachkenntnisse. So hätte dieser die Äußerungen der braven

---

[35] Vgl. hierzu den Vortrag des französischen Anklägers in den Nürnberger Prozessen 1946, zitiert im „Hochlandboten" vom …… Sie sollten dann ihr Wissen an die Altgedienten, wie Paul Mayer, weitergeben.
[36] (Wasensteiner 2018), S. 59, zitiert Frau Schmid: „Was spinnst denn jetzt, Paul?"
[37] Mehrere Zeitzeugen bestätigen, dass es sich bei dem fraglichen Arzt um Dr. Wiest aus dem Lenggrieser Krankenhaus handelte.

und fleißigen Volksgenossin bedauerlicherweise missverstanden. Neben die Unterschrift setzte er „Pg." (Parteigenosse) und erwähnte damit seine Zugehörigkeit zur NSDAP, das hatte Gewicht. Die Vorgesetzten stellten daraufhin das Verfahren ein. Erst langsam verstand Therese Schmid, in welcher Gefahr sie damals schwebte. Mit dem Straftatbestand der „Wehrkraftzersetzung" ging man in Kriegszeiten recht großzügig um. Ein Verhör durch die Gestapobeamten führte in der Regel zu Geständnissen; die Herren im Ledermantel schreckten ja vor keiner Folter zurück. Frau Schmid drohte zumindest ein langer Zuchthausaufenthalt, womöglich sogar die

Abbildung 32: Durchblick zur oberen Marktstraße in Bad Tölz. Rechts, gleich nach dem Torbogen, befand sich das Parteibüro, an den beiden Hakenkreuz-Fahnen gut zu erkennen. Foto: Sammlung Nadler, © Stadtarchiv Bad Tölz.

Einweisung in ein Konzentrationslager. Die Gestapo-Beamten sprachen damals zynisch von einem „Konzert-Lager", in dem man solange die „Flötentöne" beigebracht bekam, bis man wieder im nationalsozialistischen Orchester mitspielen konnte. Natürlich stand die Therese Schmid jetzt unter verschärfter Polizeiaufsicht. Zeitzeugen berichten, dass die dankbare Frau Metzgersgattin deshalb des Öfteren den Polizeiposten in Lenggries aufsuchte. Ihre Tasche wäre dabei auf dem Hinweg regelmäßig recht voll, auf dem Rückweg aber deutlich leichter gewesen.

So vergingen zwei Jahre. Dr. Sophie Mayer verbrachte die Tage immer noch im Kinderzimmer. Kam Besuch, packte sie vorher ihr Köfferchen und verschwand im Dachboden. Sie berichtete später von der belastenden Situation. Die Ungewissheit über das Schicksal der Mutter und der Schwester, die ständige Gefahr, entdeckt zu werden – das alles schlug ihr aufs Gemüt. Ohne die aufmunternden Worte von Paul und Rosa

Hart und schwer traf uns die unfaßbare Nachricht, daß mein über alles geliebter, unvergeßlicher Mann, der treubesorgte Vati seines Kindes, unser jüngster, lebensfroher, lieber Sohn, guter Bruder, Schwiegersohn, Schwager, Enkel und Onkel

Georg M
Soldat in einem Pionier-Batl.

im Alter von 23½ Jahren fern von seinen Lieben in treuer Pflichterfüllung nach einer schweren Verwundung am 25. Februar 1944 im Osten den Heldentod starb. Er folgte nach einem halben Jahr seinem Bruder, der ebenfalls im Osten seine letzte Ruhestätte hat. Wer unseren lieben, allzeit hilfsbereiten Schorschl kannte, weiß, was wir verlieren

Abbildung 33: Eine der sich langsam verändernden Todesanzeigen. Die Angehörigen stellen nicht mehr den Heldentod, das Opfer für den "Führer" in den Vordergrund, sondern den fürchterlichen Verlust. Bearbeitete Grafik: Autor, public domain.

Mayer hätte sie es nicht überstanden.[38] Maria Lethnar aus München, ihre Freundin, sah sie nur noch selten. Private Fahrten ohne triftigen Grund gab es im Jahr 1944 nicht mehr. Dafür umso öfter traurige Nachrichten von der Front. Die Zahl der Gefallenen stieg und stieg. Langsam begann die Stimmung im Ort zu kippen. Doch noch wirkte die lautstarke und allgegenwärtige Propaganda. Hitler sprach ständig vom „Weltjudentum", das den Krieg befeuern würde und schürte den Hass auf die vielen

---

[38] Bericht von Dr. Sophie Mayer an die „Spruchkammer" Bad Tölz im Mai 1946. Dazu später mehr. Paul Mayer sprach ihr in abendlichen Gesprächen immer wieder Mut zu und berichtete von den militärischen Erfolgen der Alliierten. Das half ihr sehr.

„Terrorflieger", wie man die nun öfter einfliegenden alliierten Bomber zu bezeichnen pflegte. Gleichzeitig griffen die Nationalsozialisten zu immer härteren Maßnahmen. Der fürchterliche „totale Krieg" dauerte nun schon über ein Jahr.[39] Dabei hatte Propagandaminister Dr. Goebbels doch versprochen, dass ein „totaler" Krieg auch automatisch ein kürzerer sein würde. Nicht wenige stimmten deshalb damals diesem Vorhaben zu – ohne zu bedenken, welche fürchterlichen Auswirkungen das haben sollte.

Abbildung 34: Die Rede des Propagandaministers Dr. Goebbels im Berliner Sportpalast am 18. Februar 1943. Foto: BArch, Bild 183-J05235, Schwahn, Lizenz: CC-BY-SA 3.0. https://creativecommons.org/licenses/by-sa/3.0/de/

---

[39] In einer Rede am 18. Februar 1943 stellte Propagandaminister Goebbels dem Publikum im Berliner Sportpalast die rhetorische Frage: „Wollt ihr den totalen Krieg?". Nicht ohne vorher zu versprechen, dass dies dann der kürzeste Krieg wäre. Dem war offensichtlich nicht so. Siehe dazu: https://de.wikipedia.org/wiki/Sportpalastrede(14.10.2021)

50

Paul Mayer betrachtete die Entwicklung mit großer Sorge. Später vertraute er einem Freund an, dass er die fertig geladene Dienstpistole Walther P.38 überall hin mitnahm. Ständig bestand die Gefahr einer Entdeckung. Ja, er habe Angst gehabt. Die Todesstrafe wäre ihm und seiner Frau Rosa sicher gewesen, eine Heimeinweisung gäbe es dann für den kleinen Pauli.

Trotzdem blieb Paul Mayer weiterhin auf Konfrontationskurs gegenüber den gewissenlosen Machthabern und befolgte keine verbrecherischen Anordnungen Da gab es zum Beispiel den Befehl Himmlers, notgelandete alliierte Flugzeugbesatzungen „friedhofsfertig" zu machen. Ein klarer Aufruf zum Mord und ein Verstoß gegen die „Genfer Konvention".[40]

Im Juli 1944 stürzte dann tatsächlich ein viermotoriger US-Bomber vom Typ B 17 auf dem Rückflug zur Basis nach Italien bei Königsdorf ab. Die mit Fallschirmen rechtzeitig und daher unverletzt abgesprungene Besatzung versuchte, isaraufwärts nach Innsbruck zu gelangen. Dort gab es einen Verbindungsmann zum US-amerikanischen Geheimdienst. Der Pilot

Abbildung 35: US-Piloten trugen damals Sauerstoffmasken und vor Kälte schützende Kleidung. Foto: US National Archives (NARA), public domain.

---

[40] In Deutschland galt immer noch das Genfer Abkommen „betreffend die Linderung des Loses der im Felddienst verwundeten Militärpersonen" von 1864. Abgeschossene Flugzeugbesatzungen sind demzufolge als Kriegsgefangene zu schützen. Die Wehrmachtsführung konnte Hitler von einer Kündigung abhalten. Einer der seltenen „Erfolge" der Generalität gegenüber dem Diktator. Siehe dazu: https://de.wikipedia.org/wiki/Genfer_Konventionen#Weitere_Entwicklung_bis_zum_Zweiten_Weltkrieg (15.10.2021) und Aussage des Generalobersten Alfred Jodl im Prozess 1946. Siehe dazu: (N. 1946), „Hochlandbote" vom 07.06.1946, S. 3.

Abbildung 36: Viermotorige US-Langstreckenbomber Typ B 17 F im Anflug auf München. In großer Höhe überquerten sie 1944/45 mit einem charakteristischen Brummton den Isarwinkel. Nur selten gelang ein Abschuss mit Flugabwehrkanonen. Die meisten US-Verluste verursachten die deutschen Jagdmaschinen. Foto: US National Archives (NARA), public domain.

wählte dabei den direkten Weg über Lenggries und lief Paul Mayer in die Hände. Entgegen Himmlers Weisung erfuhr der junge US-Offizier eine menschenwürdige Behandlung. Wohl wissend, wie es um die Versorgung Kriegsgefangener in diesen Tagen bestellt war, behielt er ihn in seiner Obhut und meldete ganz offiziell die Gefangennahme an den räumlich zuständigen Fliegerhorst in München-Neubiberg. Daraufhin kam der Befehl zur Überstellung des Gefangenen in das „Durchgangslager Luft (Dulag)" nach Wetzlar.[41] Paul Mayer schickte ihn in Begleitung eines seiner Polizisten dorthin.[42] Er wollte sicherstellen, dass der Mann lebend dort ankam.

---

[41] Im Durchgangslager Luft gab es weniger Gewalt als in anderen Lagern und zusätzlich Verpflegungspakete durch das Rote Kreuz. Siehe dazu: https://de.wikipedia.org/wiki/Dulag_Luft(15.10.2021)

[42] Bei weitem nicht jeder Postenkommandant handelte so. Die US-Justiz klärte ab 1945 viele dieser Morde an notgelandeten Besatzungen auf; es gab Todesurteile.

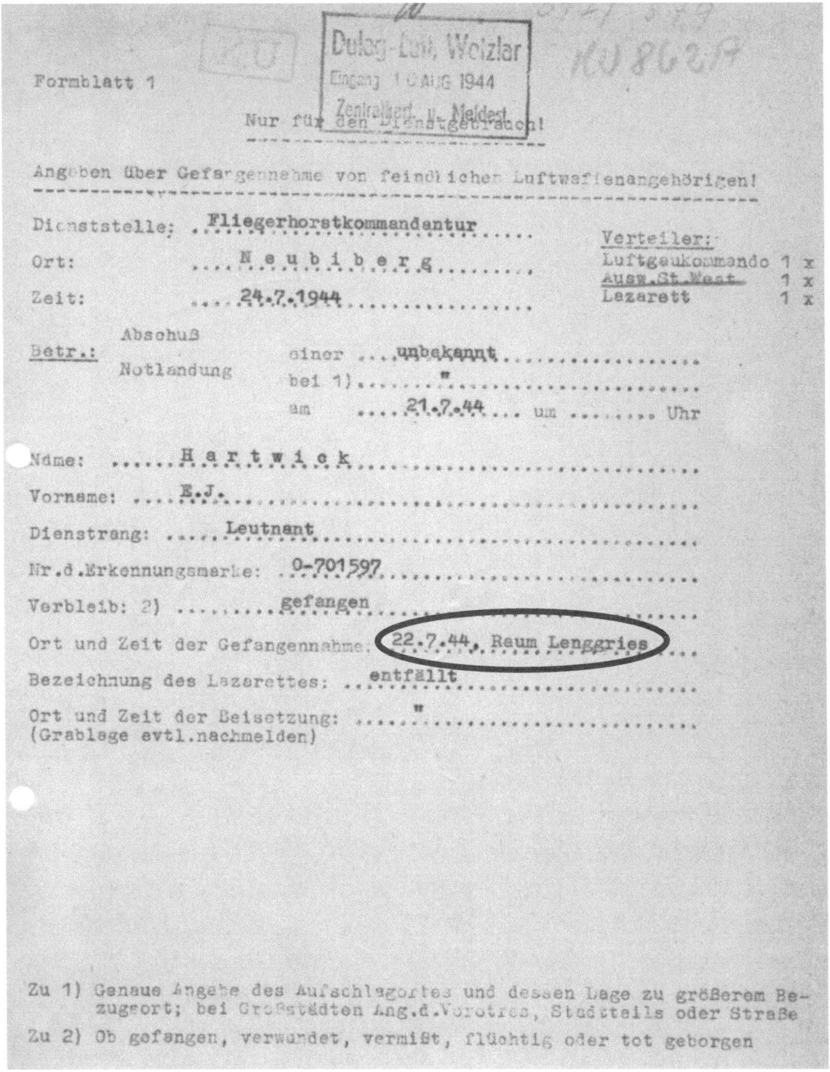

Formblatt 1

Dulag-Luft, Wetzlar
Eingang 1 AUG 1944
Zentralliert u. Meldet
Nur für den Dienstgebrauch!

Angaben über Gefangennahme von feindlichen Luftwaffenangehörigen!

Dienststelle: Fliegerhorstkommandantur

Ort: Neubiberg

Zeit: 24.7.1944

Verteiler:
Luftgaukommando 1 x
Ausw.St.West 1 x
Lazarett 1 x

Betr.: Abschuß
Notlandung
einer unbekannt
bei 1) "
am 21.7.44 um Uhr

Name: Hartwick

Vorname: E.J.

Dienstrang: Leutnant

Nr.d.Erkennungsmarke: 0-701597

Verbleib: 2) gefangen

Ort und Zeit der Gefangennahme: 22.7.44, Raum Lenggries

Bezeichnung des Lazarettes: entfällt

Ort und Zeit der Beisetzung: "
(Grablage evtl.nachmelden)

Zu 1) Genaue Angabe des Aufschlagortes und dessen Lage zu größerem Be-
zugsort; bei Großstädten Ang.d.Vorortes, Stadtteils oder Straße
Zu 2) Ob gefangen, verwundet, vermißt, flüchtig oder tot geborgen

Abbildung 37: Leutnant Edwin Joseph Hartwick, US-Pilot, gefangen am 22.7.1944 im Raum Lenggries durch Paul Mayer. Meldung per Formblatt an das zentrale „Durchgangslager Luft" (Dulag) in Wetzlar. US-National Archives (NARA) https://catalog.archives.gov/id/142687401, public domain.

53

Bei „Kriegswirtschaftsverbrechen"[43] verhängte die NS-Justiz jetzt vermehrt die Todesstrafe. Bis ins Kleinste legten die Ernährungsämter die abzuliefernden Mengen fest. Es war Aufgabe der Polizei, dies zu überwachen. So erfolgte zum Beispiel das Zählen der Hennen meist unter den strengen Augen des Postenkommandanten. Zeitzeugen berichten, dass Paul Mayer

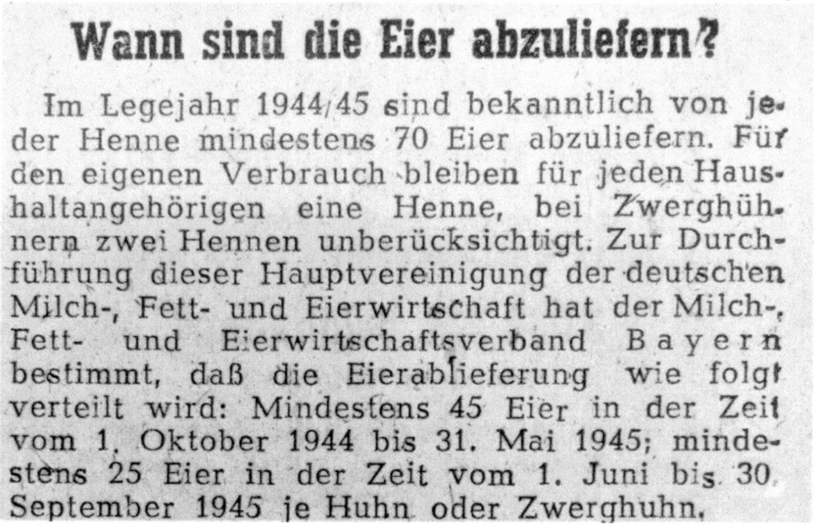

Wann sind die Eier abzuliefern?

Im Legejahr 1944/45 sind bekanntlich von jeder Henne mindestens 70 Eier abzuliefern. Für den eigenen Verbrauch bleiben für jeden Haushaltangehörigen eine Henne, bei Zwerghühnern zwei Hennen unberücksichtigt. Zur Durchführung dieser Hauptvereinigung der deutschen Milch-, Fett- und Eierwirtschaft hat der Milch-, Fett- und Eierwirtschaftsverband Bayern bestimmt, daß die Eierablieferung wie folgt verteilt wird: Mindestens 45 Eier in der Zeit vom 1. Oktober 1944 bis 31. Mai 1945; mindestens 25 Eier in der Zeit vom 1. Juni bis 30. September 1945 je Huhn oder Zwerghuhn.

Abbildung 38: Zeitungsbericht über die Eierablieferung. Die Nationalsozialisten rechneten wohl nicht mit einem raschen Kriegsende. Entnommen aus "Weilheimer Tagblatt", 4. Okt. 1944, public domain.

nicht selten Zählfehler unterliefen. Allerdings nie zuungunsten der Hühnerhalter. Im Übrigen habe er für „verunglücktes" Geflügel die Notwendigkeit einer Notschlachtung bestätigt und keine Anzeigen über Verstöße gegen das Kriegswirtschaftsgesetz an seine Vorgesetzten weitergeleitet. Das deckt sich mit den Recherchen des Autors, der in den Archiven auch keine fand.

---

[43] Unter den Begriff des „Kriegswirtschaftsverbrechens" fielen vor allem die Tatbestände Schwarzhandel, Schwarzschlachtung und Nichtabliefern der Ernte. Siehe dazu: https://de.wikipedia.org/wiki/Kriegswirtschaftsverordnung (14.10.2021)

7. Paul Mayer und die SS im Isarwinkel

Schon früh schmückte sich die Bezirksstadt[44] Bad Tölz mit einem riesigen Hakenkreuz auf dem „Hitlerberg", dem Heiglkopf. Der

Abbildung 39: Die SA errichtete auf dem zum "Hitlerberg" umbenannten Heiglkopf ein weithin sichtbares Hakenkreuz. Foto: © Archiv Buidleck, Sammlung Claus Eder, Lenggries.

Kurort hatte in Hitlers Reich einige Bedeutung. Dort befand sich die wichtigste Ausbildungsstätte für den Führernachwuchs der SS, die „Junkerschule". Zunächst provisorisch im Badviertel untergebracht erhielt sie 1937 einen repräsentativen Neubau mit über 1.000 Räumen. Die Ausbildung erfolgte nicht nur im Hörsaal sondern auch in der Umgebung. So kam es immer wieder zu

---

[44] Bis 1938 gab es die Bezeichnung „Bezirksstadt". Dann veränderte Adolf Hitler die Verwaltungshierarchie und passte sie seiner Parteiorganisation an. Der regionale Partei-Kreisleiter bekam einen „Kreis" zugewiesen, es entstanden die Landkreise. Bad Tölz war demzufolge dann „Kreisstadt". Siehe: Dritte Verordnung über den Neuaufbau des Reiches vom 28.11.1938, RGBl. Nr. 201, S. 1675.

Geländebesprechungen in Lenggries. In „Kriegsspielen" sollten die angehenden SS-Führer taktische Kenntnisse erwerben. Dazu erkundeten die Lehrgangsteilnehmer zum Beispiel übungsweise Stellungen für ein Gefecht im Isarwinkel, falls ein Gegner angreifen sollte.[45] Auch wenn dieses Szenario für die SS-Ausbilder natürlich undenkbar war –

Abbildung 40: Ärmel-Aufnäher für die Angehörigen der SS-Junkerschule in Bad Tölz. Foto: US National Archives (NARA), still picture aus Id 111-adc-6557, public domain.

zu Übungszwecken hielt man sich gerne in Lenggries auf. Für Paul Mayer bestand durch die häufige Anwesenheit der vielen schwarz gekleideten SS-Fanatiker ein zusätzliches Risiko der Entdeckung. Nicht nur einmal standen sie urplötzlich in seiner Polizeistation.

∗

Im Januar 1945 spitzte sich die Lage im Ort dramatisch zu. In einem reichsweit einmaligen Vorgang hatte es der Lenggrieser Ortsgruppenleiter gewagt, brieflich Zweifel am Endsieg zu äußern! Der Regierungspräsident berichtete den Vorgang dem Gauleiter des „Traditions-Gaus" München-Oberbayern, Paul Giesler. Dieser ergriff sofort Maßnahmen:

---

[45] Ein Teil der Ausbildungsunterlagen blieb erhalten. Sie entsprechen im Wesentlichen den taktischen Aufgaben der Offizierschulen der Wehrmacht. Siehe dazu Akte 34 „Unterlagen der SS-Schule Tölz" https://wwii.germandocsinrussia.org/de/nodes/14370#page/3/mode/inspect/zoom/4 (14.10.2021)

56

Aus Monatsbericht des Regierungspräsidenten von Oberbayern, 7. 3. 1945

...Apotheker Mösmang in Lenggries (Kreis Tölz) auf Weisung des Gauleiters und Reichsverteidigungskommissars Paul Giesler in Haft genommen, weil er als Ortsgruppenleiter anläßlich des 30. Januar an den Kreisleiter einen Brief geschrieben und um Weisung gebeten hatte, was er bei der Kampfkundgebung sprechen solle; die Russen seien im

Lande, das Reich stehe vor der größten Katastrophe der Geschichte und lügen wolle er nicht. Er wurde vom Kreisleiter von seinem Posten als Ortsgruppenleiter enthoben...

Abbildung 41: Ausschnitt aus (Broszat 1977), S. 682 f. Lenggries war damit fortan im Visier des gleichermaßen skrupellosen wie cholerischen Gauleiters Giesler.

Der große Skandal blieb aber aus, keinesfalls wollten die Partei-Oberen, dass das Beispiel Schule machte. Allerdings verdichtete die Kreisleitung in Bad Tölz nun die „helfende Dienstaufsicht". Die Begeisterung dafür hielt sich im Ort in engen Grenzen.

Als ob das nicht schon genug Gefahr für Paul Mayers Schützling gewesen wäre, steigerte sich dann das Entdeckungsrisiko im Februar 1945 nochmals. Das Oberkommando der Wehrmacht beschloss, die Kriegsakademie der Wehrmacht in die Lenggrieser Kaserne zu verlegen.[46] Den bisherigen Standort, Hirschberg in Schlesien, bedrohten mittelfristig Stalins Truppen. In dieser Akademie erhielten die zukünftigen Generalstabsoffiziere ihre Ausbildung. Eine „einwandfreie nationalsozialistische Gesinnung" war für die Teilnahme an diesem für eine Karriere sehr wichtigen Lehrgang Grundvoraussetzung. Es mag sein, dass einige diese Gesinnung vortäuschten aber unter den Wehrmachtsoffizieren gab es auch viele fanatische Nationalsozialisten, die vor keiner Denunziation zurückschreckten. Zudem konnten sich diese Dienstgrade frei bewegen, für sie gab es keine Sperrstunde.

---

[46] Ein Vorauskommando traf Ende Februar 1945 ein. Knapp 200 Lehrgangsteilnehmer und der Schulstab unter dem Kommando von Oberst des Generalstabs Fritz Bessell dann Zug um Zug bis Ende März/Anfang April 1945. Vgl.: (Brückner 1987), S. 50

Abbildung 42: Der Haupteingang zur Prinz-Heinrich-Kaserne im Winter 1944/45. Die für ein Gebirgsjägerbataillon gebaute Kaserne ist voll belegt, die Reichskriegsflagge gehisst. Neben einem ROB (Reserve-Offizier-Bewerber) Lehrgang gibt es Grundausbildungen zu Lande für Marine-Soldaten, die auf den wenigen Schiffen der Kriegsmarine keine Verwendung mehr finden. Sie gehören zu Hitlers letztem Aufgebot. Dazu kommt ab Februar 1945 die Kriegsakademie der Wehrmacht. Foto: © Archiv Buidleck, Sammlung Claus Eder, Lenggries.

In der modernen Lenggrieser Kaserne[47] herrschte nun Raumnot, vorher schon hatte ein Ausbildungsregiment dort Quartier bezogen. Im Dorf war das genauso, über einhundert ausgebombte Münchner waren zusätzlich unterzubringen. Auch Paul Mayer war davon betroffen. In seiner Polizeistation an der Bahnhofstraße gab es unter dem Dach noch Platz – ein überzeugter Nationalsozialist zog ein. Dagegen konnte auch ein Postenkommandant nichts unternehmen, die Zerstörungen in der

---

[47] Siehe dazu das Buch des Autors: „Die Prinz-Heinrich-Kaserne in Lenggries".

58

„Hauptstadt der Bewegung", in München, waren furchtbar. Der Mangel an Wohnraum eklatant.

Abbildung 43: Blick auf den Münchner Hauptbahnhof im März 1945. Rechts im Bild die Paul-Heyse-Unterführung, in der Bildmitte das Gerippe der Schalterhalle. Foto: US National Archives (NARA), Still picture aus 111-ADC-2718, public domain.

Die ausgebombte Stadtbevölkerung nutzte jede Chance, ins vermeintlich sichere Oberland zu flüchten. Allen voran die Parteigenossen mit Beziehungen zu örtlichen Funktionären. Den Kreisleitern der Partei lag natürlich daran, dass diese Flüchtlinge möglichst auch bei „echten" Nationalsozialisten Unterkunft fanden.

Dann geschah das lange Befürchtete, der neue Bewohner in Paul Mayers Haus schöpfte Verdacht und meldete direkt an seine Vorgesetzten in der Münchner Parteizentrale, es wäre im Haus eine Person versteckt.

Wie genau Paul Mayer von diesem Verrat erfahren hat, lässt sich nicht mehr klären. Nachdem die Meldung über den Dienstweg des Wehrbereichskommandos in München gelaufen ist und dort nachweislich Hitler-Gegner saßen, ist hier ein Tipp-Geber zu vermuten. Jedenfalls reagierte Paul Mayer schnell und gut überlegt. Sein alter Freund Georg Führmann kam ihm zu Hilfe. Die beiden schafften Dr. Sophie Mayer bei Dunkelheit in eine Scheune und versorgten sie mit reichlich Decken und Nahrung für einige Tage.[48] Gerade noch rechtzeitig, denn schon am Folgetag standen zwei mit Ledermänteln bekleidete Herren in den Amtsräumen der Lenggrieser Polizeistation – Gestapo. Sie durchsuchten das gesamte Haus, fanden aber nicht den geringsten Hinweis auf eine versteckte Person. Paulis Spielsachen lagen in seinem Kinderzimmer, der Dachboden war unverdächtig. Paul Mayer schaffte es, dabei völlig ruhig zu bleiben, genauso wie seine Ehefrau Rosa. Die beiden Beamten verabschiedeten sich und fuhren zurück nach München. Der Vorwurf erschien ihnen wohl ohnehin unglaubwürdig. Ein deutscher Polizist, ein Parteimitglied, sollte in seiner Wohnung eine fremde Person verstecken? So etwas gab es in ihrer Welt nicht. Tags darauf holte Paul Mayer Sophie wieder zurück in das geheizte Kinderzimmer, sie sollte sich in der kalten Scheune nicht erkälten.

*

---

[48] Dr. Sophie Mayer beschreibt dieses Ereignis in ihrem Bericht an die Gedenkstätte Yad Vashem in Israel nur mit wenigen Worten. Siehe dazu auch (Schrafstetter 2015), S. 71 und 76. Weitere Details dazu konnten noch lebende Zeitzeugen beitragen.

Auch die SS-Schule in Bad Tölz beteiligte sich im Frühjahr 1945 an der Ausbildung des letzten Aufgebots, des „Volkssturms" in Oberbayern.[49] Die Hitlerjungen der Geburtsjahrgänge 1928 und teilweise auch 1929 erhielten eine dreiwöchige vormilitärische Ausbildung. Anschließend kamen sie zu den Kampftruppen. Dabei hatte die Waffen-SS ein Erstzugriffsrecht, von dem die Schwarzuniformierten rücksichtslos Gebrauch machten. So berichtet beispielsweise der Kommandant des Gendarmerie-Postens Feldkirchen, Kreis Bad Aibling:[50]

Im Volkssturmlager des Geburtsjahrgangs 1929 in Neubeuern bei Rosenheim mussten die Jungen mit ihren Koffern bergauf hüpfen und wären dabei von einem Unteroffizier und einem Feldwebel so zusammengeschreckt worden, dass einige in die Hose genässt haben. Wenn sie sich zur freiwilligen Unterschrift zur Waffen-SS nicht entschließen wollten, ist ihnen die Pistole vor die Brust gehalten worden unter Beifügung aller erdenklichen Schimpfnamen. Andere mussten sich vor das Führerbild stellen und so lange „Heil Hitler" rufen, bis sie sich zur freiwilligen Unterschrift entschlossen haben. Über dieses Vorgehen sind die Eltern der Jungen, und soweit die Bevölkerung davon erfahren hat, äußerst erbittert.

Das stand in krassem Gegensatz zur offiziellen Berichterstattung, die den Behörden eine besondere Fürsorge für die Jugendlichen in der Hitlerjugend unterstellte. Der Kriegsdienst an der Waffe sollte wie selbstverständlich erscheinen.

---

[49] Alle in der Heimat verbliebenen männlichen Bewohner im Alter von 16 bis 60 Jahren sollten sich nach Hitlers Vorstellungen als „Volkssturm" erheben und den Feind aufhalten – bei ungenügender Bewaffnung und fehlender Munition. Zuständig für die Minimal-Ausbildung war Reichsführer Himmler und seine SS. Siehe dazu: https://www.lexikon-der-wehrmacht.de/Soldat/Volkssturm.htm (14.10.2021)
[50] Aus dem Bericht der Gendarmerie-Station an die vorgesetzte Dienststelle. Siehe: (Broszat 1977), S. 683

Günstiges Gesundheitsbild

Röntgenuntersuchung der Jahrgänge 1928/29

Zur Überprüfung des Gesundheitszustandes der Jugendlichen wurden Röntgenreihenuntersuchungen der Jahrgänge angeordnet, die im Kriegseinsatz einer besonderen Beanspruchung ausgesetzt sind. Die Ergebnisse dieser Untersuchungen haben gezeigt, daß der Gesundheitszustand der erwähnten Jahrgänge auffallend günstig ist. Die Zahlen der festgestellten behandlungsbedürftigen Tuberkulosen sind gegen die im Frieden erhobenen Ziffern fast unverändert. In all den Fällen, in denen eine Schonung der Jugendlichen angebracht erscheint, werden von den Gesundheitsämtern zusammen mit der HJ. die erforderlichen Maßnahmen veranlaßt, daß diese Jugendlichen im Kriegseinsatz entsprechend berücksichtigt werden. Besondere Verschickungen in die Erholungslager der HJ. werden dafür sorgen, daß sie nach verhältnismäßig kurzer Zeit gesund und leistungsfähig sind. Die Röntgenreihenuntersuchung der vormilitärischen Jahrgänge ist eine wichtige Kontrolluntersuchung, um Überanstrengungen der Jugendlichen zu vermeiden.

Abbildung 44: Eine "Überanstrengung" der im Kriegseinsatz befindlichen Jugendlichen wollten die Nationalsozialisten vermeiden. Ein „Erholungslager" gab es an der Front sicher nicht. Zeitungsbericht im "Weilheimer Tagblatt" vom 4. März 1945, public domain.

Da mag es fast verwundern, dass einige der 15- und 16-Jährigen nicht in Waffen-SS, sondern „nur" zur Wehrmacht oder zum Volkssturm einrücken mussten. Ein Himmelfahrtskommando, das

62

war jedem erfahrenen Soldaten bekannt. Der Soldatentod ereilte die viel zu kurz und schlecht ausgebildeten jungen Kameraden besonders schnell.[51] Das wusste auch der Frontkämpfer des Ersten Weltkriegs, Paul Mayer. Als nun der „Lehrbub" aus der benachbarten Schreinerei – Geburtsjahrgang 1928 – nach seiner kurzen vormilitärischen Ausbildung Anfang April zur Wehrmacht einrücken sollte, hatte er einen sehr guten, womöglich lebensrettenden Rat für den Jugendlichen:

> „Du bindest jetzt Deine Hand fest ein und sagst, Du bist jetzt in die Maschine gekommen und hast Dich schwer verletzt. Bis die Post hin und her geschickt wird, ist der Krieg vorbei!"

So war es dann auch. Der „Lehrbub" wurde später Bürgermeister in Lenggries, sein Name: Josef März.[52]

*

In diesen Tagen versuchten in München dienstverpflichtete italienische Zwangsarbeiter in ihre Heimat zu flüchten. Über die genauen Ereignisse ist wenig bekannt, jedoch erwähnen mehrere Zeugen bei der richterlichen Untersuchung im Jahr 1946 („Spruchkammer"), dass Paul Mayer einer Gruppe Italiener eine Berghütte als Versteck vermittelte und dafür Sorge trug, dass sie bis zum Kriegsende unentdeckt blieben.[53]

---

[51] Gregor Dorfmeister, im März 1929 geboren, gehörte zu diesen Hitlerjungen aus Bad Tölz. Er verarbeitete seine Erinnerungen an den ersten Kampfeinsatz an einer kleinen Brücke in Bad Heilbrunn in seinem autobiografischen Roman „Die Brücke". Siehe dazu: https://de.wikipedia.org/wiki/Gregor_Dorfmeister(14.10.2021)

[52] Zitiert aus absolut glaubwürdigen Zeitzeugenberichten. Auf „Ratschläge" dieser Art stand die Todesstrafe. Paul Mayer riskierte auch hier sein eigenes Leben, um andere zu schützen.

[53] Siehe dazu auch den Hinweis bei (Schrafstetter 2015), S. 72.

8. Der Kampf um Lenggries

Im April 1945 änderte der Oberbefehlshaber der US-Truppen, General Eisenhower, seine Pläne. Nicht mehr Berlin sollte das Angriffsziel sein, sondern die mysteriöse „Alpenfestung" ein mögliches Rückzugsgebiet für Hitler und seine SS. Zwei US-Armeen mit über einer Million Soldaten setzten sich daraufhin Richtung Oberbayern in Bewegung, die US-Army-Air-Force bombardierte die Bahnhöfe in Rosenheim und Weilheim. Sogar über Lenggries tauchten vereinzelt Jagdmaschinen auf. Zunächst erschreckten sie nur die Bevölkerung.

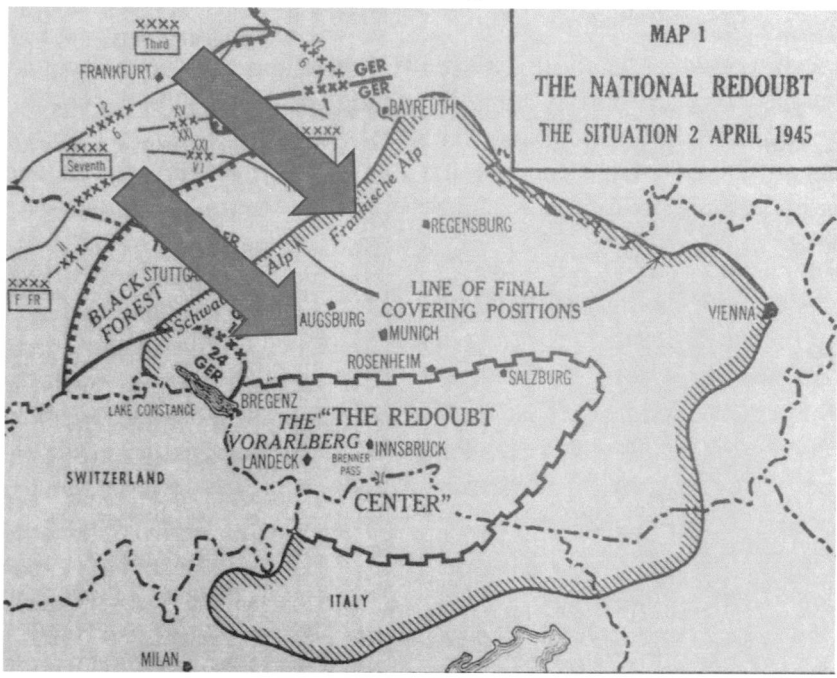

Abbildung 45: Zwei US-Armeen schwenken Anfang April Richtung Alpen, zusammen fast eine Million Soldaten. Die 7. Armee soll die Gebirgszugänge im Oberland öffnen. Grafik: US National Archives (NARA), public domain.

64

Das Reserve-Offizier-Bewerber-Regiment hatte schon in den letzten Märztagen eiligst die Lenggrieser Kaserne verlassen und versuchte zusammen mit SS-Einheiten die bestens bewaffneten Soldaten der 12. US-Panzerdivision im Großraum Würzburg aufzuhalten. Das gelang nur für wenige Tage, danach existierte die Lenggrieser Einheit nicht mehr.[54] Die umgeschulten Marine-Soldaten verteilte das Generalkommando in München auf „Volks-Sturm-Divisionen". Es fehlten nun überall Soldaten. Größter Mangel herrschte an Betriebsstoff und Munition.

Hitler hatte den Bezug zur Realität längst verloren, doch kurz vor seinem erweiterten Suizid unterzeichnete er noch den „Ausbau-Befehl" für die „Alpenfestung" und wies seine Generäle an, diese mit allen Mitteln zu verteidigen. Der Oberbefehlshaber „West", Luftwaffen-Generalfeldmarschall Albert Kesselring beorderte daraufhin im Eilmarsch die 17. Waffen-SS-Panzergrenadier-Division „Götz-von Berlichingen" zur Verteidigung in den Raum Tölz-Tegernsee. So kam es tatsächlich noch zu heftigen Kampfhandlungen an der Isar, obwohl der Krieg für die Nationalsozialisten objektiv längst verloren war.[55]

Paul Mayer versuchte, Zerstörungen in Lenggries zu vermeiden – ein schwieriges Unterfangen. Die SS unter „Oberführer" Georg Bochmann dachte überhaupt nicht daran, sich zu ergeben. Diese Fanatiker kämpften buchstäblich bis zur letzten Patrone. Einen Eindruck davon bekam die Lenggrieser Bevölkerung am 1. Mai 1945, als weit über dreihundert junge Lehrgangsteilnehmer des letzten „Junker-Jahrgangs" der Tölzer SS-Schule im Gleichschritt durch den Ort marschierten. Laut sangen sie „Heute gehört uns Deutschland und morgen die ganze Welt!!"[56] In der Ferne waren

---

[54] Siehe dazu den Kurzbericht (Auszug aus (Veeh 1998)) https://www.stadt-aub.de/fileadmin/Dateien/Website/Dateien/Stadtgeschichte/04_kriegsereignisse01.pdf (14.10.2021)
[55] Siehe dazu auch das Buch des Autors: „Kriegsende im Isarwinkel"
[56] Das bestätigen Zeitzeugenberichte.

bereits die US-amerikanischen Kanonen zu hören. Offensichtlich sollte der nationalsozialistische Führernachwuchs in Sicherheit gebracht werden. Sie bekamen den Befehl, die Jachenau und den Walchensee zu „verteidigen". Vorher schon hatten Pioniere der Wehrmacht die Kesselbergstraße an mehreren Stellen gesprengt. Eher unwahrscheinlich, dass es dort noch zu Kampfhandlungen kommen würde.

Die Zivilbevölkerung sollte jedoch nicht verschont werden, ganz im Gegenteil. Der Oberkommandierende, Generalfeldmarschall Albert Kesselring erließ dazu einen schriftlichen Befehl, welcher tunlichst nach Bekanntgabe zu vernichten wäre. Natürlich wusste er um die Rechtswidrigkeit und den damit begangenen Verstoß gegen das Kriegsvölkerrecht. Offenbar wollte er sich später nichts nachweisen lassen:

```
6)Wo die Bevölkerung bei Annäherung des Feindes weisse Tücher zeigt,
  sind die betreffenden Häuser zu zerstören (Abbrennen) u.die männlichen
  Bewohner dieser Häuser vom vollendeten 16.Lebensjahre ab zu er -
  schiessen.
                        Der Oberbefehlshaber West
                        gez.Kesselring, Gen.Feldmarschall
        Abt.III Nr.46/45 geh.
        AOK 1, Armeerichter gez.Dr.Freiherr von Wrangel,
                        Oberfeldrichter.

Generalkommando LXXXII.A.K.        Geheim!              Den 20.4.45.
II a Nr.221/45 geh.

        Vorstehende Abschrift zur Kenntnis und Beachtung. Befehl ist
nach Kenntnisnahme bei Div.zu vernichten.
Weitergabe nach unten bis zum letz-    Für das Generalkommando
ten Soldaten nur mündlich.             Der Chef des Generalstabes
                                       J.A.

                                       Major und Adjutant.
```

Abbildung 46: Ein klarer Mordbefehl. Daran konnte sich Generalfeldmarschall Kesselring während der Kriegsverbrecherprozesse 1946 leider nicht mehr erinnern. Dieses Exemplar fand sich viele Jahre später in einem vergrabenen Kriegstagebuch der im Isarwinkel eingesetzten 17. SS-Panzergrenadierdivision. Offensichtlich wurde es befehlswidrig nicht sofort vernichtet. Grafik: public domain.

66

Am 3. Mai 1945 griffen die US-Soldaten des 141. Infanterie-Regiments von Bad Tölz kommend isaraufwärts an. Die Waffen-SS schoss buchstäblich aus allen Rohren, mehrere Gehöfte im Raum Gaißach standen schon in Flammen. Als einzelner Polizist konnte sich Paul Mayer nicht offen gegen die immer noch schwer bewaffneten Waffen-SS-Soldaten stellen. Er musste einen anderen Weg finden. In der Lenggrieser Kaserne gab es nur noch ein kleines Nachkommando, die Kriegsakademie hatte die Liegenschaft noch rechtzeitig Richtung Inntal verlassen. Da kam ihm der Zufall zu Hilfe. Ein junger Leutnant der im Waldgelände des Blombergs eingesetzten 212. Volksgrenadier-Division hatte den Anschluss an seine Truppe verloren und irrte in der Kälte umher. Ein Landwirt fand ihn frühmorgens und nahm ihn mit auf die Polizeistation. Dort gab es erstmal eine warme Mahlzeit. Dabei taute der junge Mann im wahrsten Sinne des Wortes auf. Schnell war man sich einig, dass jede weitere Kampfhandlung sinnlos wäre, zumal sogar schon am Vortag der Führer den Heldentod gefunden hätte.[57] Paul Mayer fasste Vertrauen und ging nochmals ein hohes Risiko ein. Er zeigte dem Offizier eine Karte mit den wahrscheinlichen Stellungen der SS rund um Lenggries. Schon seit zwei Jahren hatte er sich Notizen gemacht, als die Ausbilder der Tölzer SS-Junkerschule bei den zahlreichen Geländebesprechungen vor Ort immer wieder besonders günstige Aussichtspunkte aufsuchten. Das blieb ihm als Polizisten

---

[57] Die neuesten Erkenntnisse zu Hitlers Selbstmord fasst der MDR zusammen: https://www.mdr.de/zeitreise/schwerpunkte/1945/selbstmord-so-starb-adolf-hitler-106.html (14.10.2021) Lange blieb der Vorgang geheim. Erst am 2. Mai 1945 um 22:25 Uhr berichtete der Großdeutsche Rundfunk, „dass unser Führer Adolf Hitler heute Nachmittag in seinem Befehlsstand in der Reichskanzlei bis zum letzten Atemzuge gegen den Bolschewismus kämpfend für Deutschland gefallen ist.". Eine Lüge, die sich aber schnell verbreitete und vielen Wehrmachtsoffizieren den Entschluss zur Kapitulation erleichterte. Siehe: (14.10.2021) https://www.abruckner.com/Data/articles/articlesgerman/engel-friedrich-hitlers-death-as-announced-on-the-/Hitlers-Tod-in-Rundfunksendungen_2019-01-03.pdf

im Außendienst nicht verborgen. Als erfahrener Frontkämpfer erkannte er natürlich die Bedeutung dieser Orte für die Stellungen der Geschütze einerseits und die der vorgeschobenen Beobachter der SS-Artillerie andererseits. Flugs machte sich der

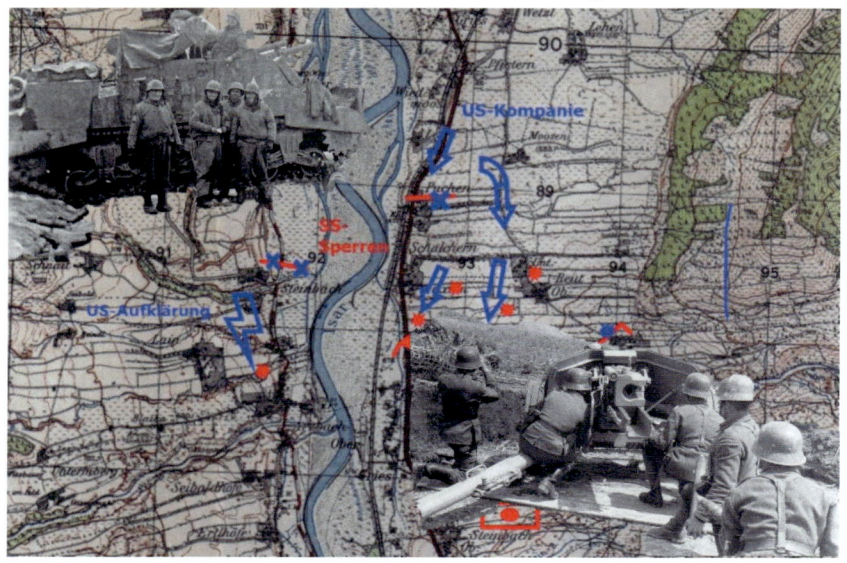

Abbildung 47: Das Gefecht entlang der Isar. Die blauen Pfeile zeigen den Angriff des mit Artillerie und Panzern verstärkten US-Infanteriebataillons. Rot eingezeichnet sind die Treffer der SS-Artillerie. Grafik: Autor.

englisch sprechende Wehrmachtsleutnant auf den Weg zur Front. Es gelang ihm tatsächlich, unbemerkt durch die Lücken der Hauptkampflinie zu schlüpfen und einem US-Offizier Paul Mayers Karte zu übergeben. Im US-Kriegstagebuch ist der Vorfall zwar festgehalten, doch leider fehlt der Name des mutigen Leutnants. Jedenfalls nahm die US-Artillerie die Stellungen und Beobachtungspunkte der SS rund um Lenggries sofort unter präzises Feuer. Damit wendete sich das Blatt. Ohne Unterstützung durch die jetzt ausgefallenen eigenen Geschütze blieb den Waffen-SS-Bodentruppen nur der Rückzug. Am Abend

Abbildung 48: Das winterliche Lenggries, vorne im Bild die Prinz-Heinrich-Kaserne. Am 3. Mai 1945, dem "Tag der Befreiung" lag Schnee, teilweise 10 cm hoch. Foto: © Archiv Buidleck, Sammlung Claus Eder, Lenggries.

gegen 21 Uhr war Lenggries in US-amerikanischer Hand und damit befreit. Die Bewohner kamen aus den Häusern und Kellern und begutachteten die Schäden an den Gebäuden. Das meiste hatte die SS verursacht. Sie schossen befehlsgemäß mit Phosphor-Granaten auf Bauernhöfe, die weiße Flaggen zeigten.[58] Am Folgetag ging der Krieg isaraufwärts weiter. Oberführer Bochmann dachte nicht ans Aufgeben.[59] Die US-Soldaten hoben ein SS-Widerstandsnest nach dem anderen aus. Viele der sehr jungen Schwarzuniformierten starben noch „für den Führer".

---

[58] Zeitzeugen berichten von etwa 10 brennenden Gehöften rund um Lenggries, bei mindestens der Hälfte waren (Phosphor-)Granaten der SS die Ursache.
[59] Auch nach der Kapitulation der Heeresgruppe G am 5. Mai 1945 für ganz Bayern bestand der SS-Oberstgruppenführer Gottlob Berger darauf, dass dies nicht für die SS gelte. Zum Schluss kämpfen sogar noch Wehrmachtssoldaten zusammen mit US-Einheiten gegen die SS. Siehe dazu: https://www.spiegel.de/geschichte/schlacht-von-itter-1945-amerikaner-und-wehrmacht-gegen-ss-a-1018702.html (15.10.2021)

9. Späte Ehre

Die Freude und Erleichterung über das Ende der Kämpfe in Lenggries war unbeschreiblich. US-Captain Joseph P. Kimble, dessen C-Kompanie am 3. Mai 1945 Lenggries befreit hatte, kam abends in die Polizeistation. Er fand eine fröhliche Vierer-Runde vor: Paul, Rosa, Pauli und eine überglückliche Sophie Mayer. Ein US-Dolmetscher kam zu Hilfe, doch der US-Offizier konnte die Geschichte auch dann noch kaum glauben. Die jüdische Ärztin Dr. Sophie Mayer hatte den Völkermord überlebt – und das direkt unter der Nase der Nazis!

Es stellte sich nach und nach heraus, dass es in ganz Deutschland nur sehr wenige Polizisten als Retter von rassisch Verfolgten gab: Die Berliner Wachtmeister Friedrich Mattick, und Friedrich Hoffmann halfen schwedischen Pfarrern bei Rettungstaten,[60] der Kriminalassistent Paul Kreber aus Wuppertal schützte Sintis.[61] In Bayern gab es zwei Gendarmerie-Posten-Kommandanten, die sich für Verfolgte einsetzten. Max Maurer in Ergoldsbach, der mithalf, KZ-Häftlinge zu verstecken[62] und eben Paul Mayer, dessen Taten zuerst international ein Echo fanden.

Jedenfalls ließ es sich der Kommandeur der im Isarwinkel eingesetzten 36. US-Infanteriedivision, Generalmajor John E. Dahlquist, nicht nehmen, Paul Mayer persönlich bei einem Empfang im Offizierskasino der unbeschädigten Prinz-Heinrich-Kaserne zu ehren. Dahlquist, der selbst fließend Deutsch sprach, sorgte auch dafür, dass Paul Mayer auf seinem Posten bleiben

---

[60] Siehe dazu: https://www.gedenktafeln-in-berlin.de/nc/gedenktafeln/gedenktafel-anzeige/tid/friedrich-hoffmann-u/ (15.10.2021)

[61] Siehe dazu: https://www.denkmal-wuppertal.de/2012/07/paul-kreber-gedenktafel.html (15.10.2021)

[62] Siehe dazu: https://www.markt-ergoldsbach.de/leben-wohnen/persoenlichkeiten/anna-gnadl-und-max-maurer/das-haette-doch-jeder-getan.pdf?cid=20p (15.10.2021)

70

konnte. Eine sehr seltene Ausnahme, in der Regel mussten alle leitenden Polizisten in der US-Zone ihren Dienst quittieren.

*

Für Paul Mayer gab es in den ersten Nachkriegsjahren viel zu tun. Als Beamter der neu geschaffenen Bayerischen Landpolizei war es seine Aufgabe, für Ruhe und Ordnung zu sorgen — kein leichtes Unterfangen, da die US-Soldaten aus der Prinz-Heinrich-Kaserne gerne die Nacht zum Tage machten. Die intakt gebliebene militärische Liegenschaft war inzwischen mit jungen feierfreudigen „US-Boys" voll belegt. Gerne holten diese dazu passende Damen aus München dazu. Die deutschen Polizeibeamten hatten nur geringe Befugnisse, sie konnten die Soldaten der US-Army nur bitten — oder bei schwereren Verstößen die US-Militär-Polizei um Hilfe ersuchen. Paul Mayer ging überwiegend zu Fuß auf Streife, bewaffnet mit einem US-Gewehr. Fast jeden Tag wurde ein weiterer Diebstahl gemeldet, denn die Leute brauchten Material, um zu bauen oder etwas zu reparieren. Besonders Metall stand hoch im Kurs und natürlich Fahrräder. Als Währung nutzen die Bewohner US-Zigaretten, denn die alte Reichsmark hatte stark an Wert verloren. Viele blieben trotzdem arm und konnten sich nur mit Mühe über Wasser halten. Besonders schwer war das Los der vielen Flüchtlinge, die im Isarwinkel gestrandet waren. Paul Mayer, so wird berichtet, drückte vor allem bei notleidenden Mitbürgern, die er beim Schwarzhandel erwischte, beide Augen zu.
Erst langsam wurde der Bevölkerung bewusst, welche Verbrecher sie in den letzten zwölf Jahren regierten. Immer neue Gräuel deckten die Alliierten auf. Im Herbst 1945 begannen die

vier Siegermächte mit einer gerichtlichen Aufarbeitung in den „Nürnberger Prozessen".[63]

Parallel dazu erschien in den Tageszeitungen ein Detail nach dem anderen. So kam auch die Frage auf, warum die Lenggrieser Brücke den Krieg unbeschadet überstanden hatte. Hitlers Befehl galt ja für sämtliche Brücken. Diesen Befehl führten tatsächlich nur noch Fanatiker aus, wie z. B. die SS. Auf dem Rückzug aus dem Altlandkreis

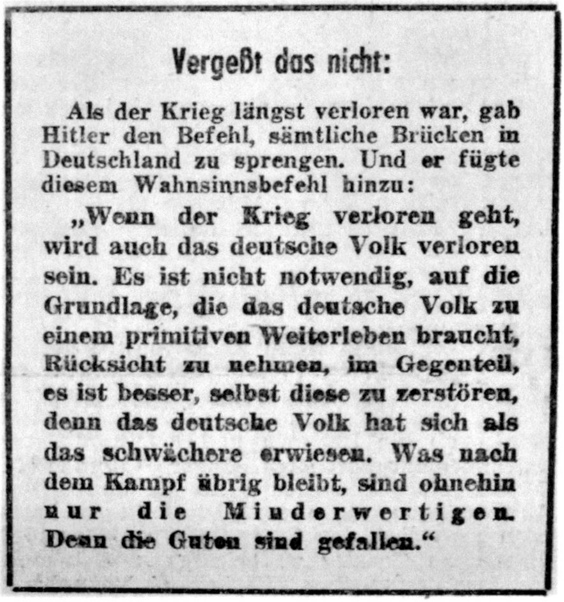

Vergeßt das nicht:

Als der Krieg längst verloren war, gab Hitler den Befehl, sämtliche Brücken in Deutschland zu sprengen. Und er fügte diesem Wahnsinnsbefehl hinzu:

„Wenn der Krieg verloren geht, wird auch das deutsche Volk verloren sein. Es ist nicht notwendig, auf die Grundlage, die das deutsche Volk zu einem primitiven Weiterleben braucht, Rücksicht zu nehmen, im Gegenteil, es ist besser, selbst diese zu zerstören, denn das deutsche Volk hat sich als das schwächere erwiesen. Was nach dem Kampf übrig bleibt, sind ohnehin nur die Minderwertigen. Denn die Guten sind gefallen."

Abbildung 49: Zeitungsbericht im "Hochlandboten" vom 27. April 1946, S. 3., public domain.

Weilheim in den Isarwinkel sprengten die SS-Pioniere alle Loisach-Brücken. In Bad Tölz misslang die Sprengung, es entstand nur kleiner Schaden. In Lenggries war die Zerstörung beabsichtigt, unterblieb aber. Paul Mayer erzählte später, es wäre schwer gewesen, die SS davon abzuhalten. Die genauen Umstände konnte der Autor leider nicht mehr rekonstruieren. Sicher war der „Kommissär" daran nicht unbeteiligt.

---

[63] Eine Übersicht zu diesem Thema bietet z. B.: https://www.planet-wissen.de/geschichte/deutsche_geschichte/nachkriegszeit/nuernberger-prozess-100.html (21.10.2021)

72

Über seine Taten im Krieg sprach er sowieso nur im engsten Kreis. Paul Mayer zog es vor, in der Öffentlichkeit zu schweigen. Es gab ja seiner Meinung nach viel Wichtigeres zu besprechen. Die Wohnungsnot, der Mangel an nahezu allem, was der Mensch zum Leben brauchte. Das ging lange gut, doch am 5. März 1946 erließ die alliierte Militärregierung ein Gesetz „zur Befreiung von Nationalsozialismus und Militarismus".

Gruppen der Verantwortlichen

Artikel IV.

Zur gerechten Beurteilung der Verantwortlichkeit und zur Heranziehung zu Sühnemaßnahmen werden folgende Gruppen gebildet:

1. Hauptschuldige.
2. Belastete (Aktivisten, Militaristen, Nutznießer).
3. Minderbelastete (Bewährungsgruppe).
4. Mitläufer.
5. Entlastet.

Wer ist Hauptschuldiger?

Artikel V.

Hauptschuldiger ist:

1. Wer aus politischen Beweggründen Verbrechen gegen Opfer oder Gegner des Nationalsozialismus begangen hat.
2. Wer im Inlande oder in den besetzten Gebieten ausländische Zivilisten oder Kriegsgefangene völkerrechtswidrig behandelt hat.
3. Wer verantwortlich ist für Ausschreitungen, Plünderungen, Verschleppungen, auch wenn sie bei der Bekämpfung von Widerstandsbewegungen begangen worden sind.
4. Wer sich in einer führenden Stellung der NSDAP., einer ihrer Gliederungen oder eines angeschlossenen Verbandes oder einer anderen nationalsozialistischen oder militaristischen Organisation betätigt hat.

Abbildung 50: Auszug aus dem Gesetz zur Befreiung von Nationalsozialismus und Militarismus vom 5. März 1946. Abdruck im „Hochlandboten" vom 7.3.1945, S. 3 public domain.

Danach sollten deutsche Gerichte die Einteilung der Verantwortlichen in Gruppen vornehmen. In jedem Landkreis entstanden nun „Spruchkammern", also Gerichtshöfe, mit der Aufgabe die Verantwortlichkeiten ihrer Kreisbewohner festzustellen. Zuerst behandelte man die schweren Fälle. Wer als „Hauptschuldiger" galt, verlor seinen Beamtenstatus. Dazu kamen weitere Sühnemaßnahmen. Als Unterstützung für den öffentlichen Kläger ordnete die Militärregierung an, dass alle volljährigen Bewohner einen umfangreichen Fragebogen sorgfältig auszufüllen hätten. Paul

73

Mayer blieb bei der Wahrheit, das taten nicht alle. Bei Nummer 41 stand die Frage, ob er jemals Angehöriger, Anwärter oder

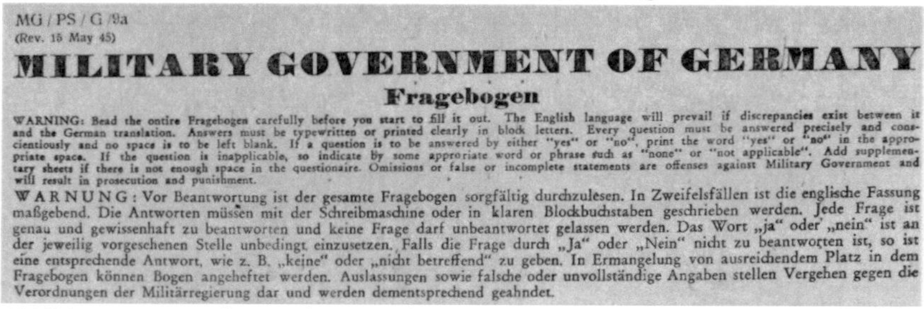
MG / PS / G /9a
(Rev. 15 May 45)

MILITARY GOVERNMENT OF GERMANY

Fragebogen

WARNING: Read the entire Fragebogen carefully before you start to fill it out. The English language will prevail if discrepancies exist between it and the German translation. Answers must be typewritten or printed clearly in block letters. Every question must be answered precisely and conscientiously and no space is to be left blank. If a question is to be answered by either "yes" or "no", print the word "yes" or "no" in the appropriate space. If the question is inapplicable, so indicate by some approriate word or phrase such as "none" or "not applicable". Add supplementary sheets if there is not enough space in the questionaire. Omissions or false or incomplete statements are offenses against Military Government and will result in prosecution and punishment.

WARNUNG: Vor Beantwortung ist der gesamte Fragebogen sorgfältig durchzulesen. In Zweifelsfällen ist die englische Fassung maßgebend. Die Antworten müssen mit der Schreibmaschine oder in klaren Blockbuchstaben geschrieben werden. Jede Frage ist genau und gewissenhaft zu beantworten und keine Frage darf unbeantwortet gelassen werden. Das Wort „ja“ oder „nein“ ist an der jeweilig vorgesehenen Stelle unbedingt einzusetzen. Falls die Frage durch „Ja“ oder „Nein“ nicht zu beantworten ist, so ist eine entsprechende Antwort, wie z. B. „keine“ oder „nicht betreffend“ zu geben. In Ermangelung von ausreichendem Platz in dem Fragebogen können Bogen angeheftet werden. Auslassungen sowie falsche oder unvollständige Angaben stellen Vergehen gegen die Verordnungen der Militärregierung dar und werden dementsprechend geahndet.

Abbildung 51: Fragebogen der US-Militärregierung, erste Fassung. Es gab sehr viele Fragen zu Mitgliedschaften in den zahlreichen NS-Organisationen. Foto: US National Archives (NARA), public domain, eigene Bearbeitung.

Mitglied der NSDAP gewesen wäre. Er antwortete mit „Ja“. Daneben: Ab wann? „1937“. Mit diesen zwei Antworten riskierte er bereits seinen Beamtenstatus. Parteimitglieder im Polizeidienst galten von vornherein als „Aktivisten“, die an Verbrechen gegen Opfer des Nationalsozialismus beteiligt waren. Doch lügen, das wollte er nicht.

Also schickte er den vollständig ausgefüllten Fragebogen an die zuständige „Spruchkammer“ in der Bad Tölzer Badstraße und fügte ein Begleitschreiben mit 14 Anlagen hinzu. Er schrieb:

> „Bemerken hierzu möchte ich, dass, wenn notwendig, noch eine Menge entsprechender Bestätigungen vorgelegt werden können. Dies möchte ich zunächst nicht, da es mich sonderbar berührt, wenn ich als altbekannter Anti-Nazi heute um förmliche Bestätigungen herumbetteln soll, zumal die Bevölkerung über meine Gegenarbeit und meine Leistungen gegen die Nazigewaltherrschaft genauestens informiert ist. Zunächst glaube ich, dass beiliegende Bestätigungen von Fräulein Dr. Mayer, München, Herrn Windeis, Lenggries und Frau Schmid, Lenggries über meine Tätigkeit und mein Verhalten vorerst genügend Aufklärung bieten.“

Paul Mayer war inzwischen auf Betreiben der US-Militärbehörde zum Inspektor der neugeschaffenen Landpolizei ernannt worden. Er war jetzt 50 Jahre alt; seine Pensionsansprüche hätte er bei einer Verurteilung als „Aktivist" verloren. Der öffentliche Ankläger, Herr Notar Max Allwein, prüfte nun die beigefügten eidesstattlichen

Die Spruchkammer für den Landkreis Tölz

wird demnächst ihre Tätigkeit aufnehmen. Die Diensträume befinden sich in der Kurort-Kreisklimastelle, Badstraße 15. Personen, die durch Nationalsozialisten geschädigt, verfolgt oder sonstwie bedrückt worden sind, können Mitteilungen schriftlich an die Spruchkammer richten. Zusendungen an den öffentlichen Kläger, Notar Max A l l w e i n , Bad Tölz, Wachterstraße 19. Für diese Angaben hat der Einreicher einzutreten. A n o n y m e Mitteilungen werden n i c h t berücksichtigt.

Abbildung 52: Zeitungsbericht im "Hochlandboten" vom 17. Mai 1946, S. 5. Public domain.

Erklärungen. Dr. Sophie Mayer schrieb:[64]

„Dr. Sophie Mayer, Praktische Ärztin, München 22, Kaulbachstr. 65
Eidesstattliche Erklärung
Ich bin der Abstammung nach Volljüdin im Sinne der Nürnberger Gesetze. Im November 1941 wurden mein Vater, meine Mutter, meine Schwester und ich in ein für Juden errichtetes Sammellager in München Berg am Laim eingewiesen. Am 10. Juli 1942 erfuhr unsere Mutter – mein Vater starb kurz zuvor im Sammellager – dass sie für den Transport nach dem Osten bestimmt sei. Wir waren uns sofort einig darüber, dass das Schicksal uns zwei Töchter nicht von unserer Mutter trennen dürfe und dass wir das Schicksal unserer Mutter teilen wollten. Als wir uns von guten, alten Bekannten, Mutter und Tochter Letnar [sic!] in München verabschieden wollten, erklärten diese, es käme nicht in Frage, dass wir diesen Bestien geopfert würden. Sie schlugen uns vor, bei ihrem Verwandten, dem

---

[64] Eidesstattliche Erklärung von Dr. Sophie Mayer, 15.05.1946, Staatsarchiv München, Spruchkammerakte K 3643, Mayer, Paul.

75

Gendarmerie-Kommissär Paul Mayer in Lenggries Zuflucht zu nehmen. Der furchtbare seelische Druck, unter dem wir uns befanden, veranlasste uns, diese von ganz fremder Seite kommende Hilfe in Anspruch zu nehmen. Da nach Lage der Dinge für uns drei in Lenggries kein Platz war, so fanden meine Mutter und meine Schwester ein anderes Asyl im Bayerischen Wald, so dass nur ich allein zu Herrn Kommissär Mayer fuhr. Ich wurde von den Eheleuten Mayer sofort mit einer außerordentlichen Wärme empfangen. […] Es war selbstverständlich, dass ich mich nirgends sehen lassen durfte. Die Fürsorge der Eheleute Mayer war in jeder Hinsicht vorbildlich, nie ein Zeichen von Ungeduld, nie ließen sie mich fühlen, in welcher Gefahr auch sie sich befanden. Die Eheleute Mayer waren es, die in der langen Zeit, die wir gemeinschaftlich verbrachten, mich immer vor Mutlosigkeit und Schwermütigkeit bewahrten, die mich immer wieder stärkten und vertrösteten. Der amerikanische Offizier, dessen Truppe Lenggries befreite, stellte mich seinen Offizieren und sagte, dass ich versteckt wurde „before the very nose of the Gestapo!". Wenn ich mir heute überlege, dass dieser Mann Parteimitglied war und in einen Topf mit den Verbrechern geworfen werden soll, die das gleiche Abzeichen tragen, so muss ich feststellen, dass hier nicht ein Parteigenosse etwas Gutes getan hat, sondern dass ein guter und tapferer Mensch nicht weiter als gezwungenermaßen ein Parteiabzeichen getragen hat. Ich könnte mir nur wünschen, dass alle die Gesinnungsgenossen der Partei, die kein Abzeichen trugen, sich so gütig gegen uns Verfolgte benommen hätten wie dieser Mann.

Es verwundert nicht, dass daraufhin die Spruchkammer Bad Tölz das Parteimitglied Mayer, Paul als „entlastet" einstufte und er demzufolge im Polizeivollzugsdienst verbleiben durfte. Seine Erleichterung mag groß gewesen sein.
In den Jahren danach tat der „Herr Inspektor" normalen Dienst im Isarwinkel. Ein gern gesehener Gast in der Metzgerei Schmid

und oft zusammen mit Georg Führmann unterwegs. Nur Aufhebens um seine Vergangenheit machte er nicht. Das war wohl vielen im Dorfe ganz recht. Man hätte dann ja das eigene Verhalten während der Diktatur mit dem Paul Mayers vergleichen müssen. Diesen Gedanken ging man tunlichst aus dem Wege.[65]

Besonders kümmerte sich Paul Mayer um die aus ihrer angestammten Heimat vertriebenen Personen. Immer wieder

Kreisgebiet Tölz

Der vierte Flüchtlingszug

kam am 2. Juni abends in Bad Tölz an. Die Insassen, etwa 500 Personen, meist Frauen und Kinder schon früher ausgewiesener Männer, kamen aus Melk in Oesterreich. Der Zug wurde von einem russischen Offizier und zwei österreichischen Schutzleuten begleitet. Ein Drittel der Flüchtlinge fuhr mit dem gleichen Zug nach Lenggries weiter, die übrigen wurden nach Kochel, Benediktbeuern und Schönrain verteilt. Ein Großteil dieser Flüchtlinge fährt jedoch, soweit ihnen die Adressen ihrer Angehörigen bekannt sind, demnächst nach den verschiedensten Richtungen wieder weiter. Das Zusammenkommen der Familienangehörigen wird durch das Rote Kreuz vermittelt.   tm.

Abbildung 53: Ankunft eines weiteren Flüchtlingszuges am 2. Juni 1946, einem Sonntag! Zeitungsbericht im „Hochlandboten", 4. Juni 1946, public domain.

kamen sogenannte „Flüchtlingszüge" an, von denen die Polizei nur sehr kurzfristig erfuhr. Wie versorgt man auf die Schnelle über hundert Frauen und Kinder mit Nahrung und Unterkunft?

---

[65] Eine Zeitzeugin fasste das so in Worte: „Mit so ana G'schicht hebst koa Ehr' auf!"

Paul Mayers „standing" bei den US-Verantwortlichen in der nahen Prinz-Heinrich-Kaserne kam da vielen zugute. Dort kannten alle Verantwortlichen seine Vergangenheit und wiesen seine Bitten um Unterstützung nicht ab.

Georg Führmann, der Obmann des Bauernverbandes, dem er mehr als einmal das KZ erspart hatte, zeigte sich erkenntlich. Paul Mayer bekam von ihm ein Grundstück am Fuße der Kaserne geschenkt. Darauf konnte er sich ein kleines Häuschen bauen. An freiwilligen Helfern beim Bau mangelte es nicht. Sohn Pauli ging wieder auf die Oberschule, machte sein Abitur und wurde Ingenieur. Bald darauf heiratete er Maximiliane, die Schwester eines Schulkameraden. So vergingen die Jahre bis zu seiner Pensionierung 1961.

Abbildung 54: Paul Mayer bei der Hochzeit seines Sohnes. Foto: © M. Mayer.

Dr. Sophie Mayer kämpfte sich in München ins Leben zurück. Zunächst bezog sie im jüdischen Altenheim an der Kaulbachstraße zwei Zimmer und arbeitete dort als Hausärztin. Erst im Herbst 1945 erfuhr sie, dass ihre Mutter und die Schwester nicht mehr am Leben waren. Ein schwerer Schicksalsschlag. Anfang der fünfziger Jahre gelang es ihr, im Stadtteil Giesing, in der Deisenhofener Straße, eine eigene Praxis zu eröffnen. Es ließ ihr wohl keine Ruhe, dass ihr Retter so gar keine Anerkennung bekam. Sie wollte unbedingt, dass die

Öffentlichkeit erfuhr, was dieser Mann geleistet hatte. Ihrer Meinung nach stand ihm das zu.

Als dann 1962 in Israel die Gedenkstätte Yad Vashem[66] ein Projekt zur Ehrung der Retter startete, schrieb sie den dortigen

Abbildung 55: Paul Mayer wird als "Gerechter unter den Völkern" geehrt. Medallienaufschrift: Le peuple juif reconnaissant (Das dankbare jüdische Volk). Rand: „Wer ein Leben rettet, rettet das ganze Universum." Foto: Autor

---

[66] Die 1953 gegründete Holocaust Gedenkstätte auf dem Berg des Gedenkens in Jerusalem erinnert an das Schicksal der Juden unter Hitler. Siehe dazu: https://www.yadvashem.org/de/about/yad-vashem.html (15.10.2021)

Verantwortlichen. Sie stieß mit Ihrem Ansinnen auf offene Ohren. Das zuständige Komitee forderte Akten an, prüfte sorgfältig und veranlasste im Jahr 1969 eine ganz besondere Ehrung:

Für Paul Mayer und seine Ehefrau Rosa wurde ein Baum in der „Allee der Gerechten" gepflanzt. Zusammen mit Schwägerin Maria Lethnar galten sie nun als „Gerechte unter den Völkern". Ihre Namen sind in der Gedenkstätte verewigt.[67]

Da sich Paul Mayer die anstrengende Reise nach Israel nicht mehr zutraute, pflanzten sein Sohn Paul Günther und dessen Ehefrau Maximiliane für ihn eine Libanon-Zeder in der „Allee der Gerechten". Viele Bäume standen da noch nicht.

Abbildung 56: Der frisch gepflanzte Baum in Jerusalem. Foto: © M. Mayer.

---

[67] „Gerechter unter den Völkern" (hebräisch חסיד אומות העולם Chassid Umot ha-Olam) ist ein in Israel nach der Staatsgründung 1948 eingeführter Ehrentitel für nichtjüdische Einzelpersonen, die unter nationalsozialistischer Herrschaft während des Zweiten Weltkriegs ihr Leben einsetzten, um Juden vor der Ermordung zu retten. Das war bei Maria Lethnar, Paul und Rosa Mayer sicher der Fall.

80

Zuhause in Bayern machte sich der israelische Botschafter auf den Weg nach Lenggries. Er wollte die Auszeichnung dem betagten Paul Mayer persönlich überbringen. Damit verbunden war auch das Ehrenbürgerrecht im Staate Israel. Paul Mayer hätte dorthin auswandern können, blieb aber lieber in seiner Heimat. Sophie reiste zusammen mit dem Botschafter an, es muss ein sehr bewegendes Treffen gewesen sein. In der Tagespresse erschien dazu ein kleiner Bildbericht.

Die deutsche Öffentlichkeit nahm auch im Jahre 1969 Rettungstaten für rassistisch Verfolgte noch kaum wahr. In

Versteckte 1942 eine jüdische Ärztin: Paul Mayer

Auszeichnung vom israelischen Botschafter

Abbildung 57: Kurzbericht über die Auszeichnung des inzwischen pensionierten Polizisten Paul Mayer. Foto: © Münchner Merkur

München war es der damalige Oberbürgermeister Hans-Jochen Vogel, der diese Thematik aufgriff. Rosa Mayer lebte inzwischen in der Landeshauptstadt, ebenso Maria Lethnar. Der Oberbürgermeister wollte diesen Personen auch seitens des deutschen Staates eine Ehrung zukommen lassen. Bereits im Januar 1966 erhielt er dazu jedoch ein ablehnendes Schreiben aus dem bayerischen Finanzministerium.[68]

Ihre dem Herrn Ministerpräsidenten unterbreitete Anregung, ähnlich wie in Berlin auch in Bayern eine Ehrung derjenigen Bürger

---

[68] Vgl. hierzu (Schrafstetter 2015), S. 276

81

durchzuführen, die während der Zeit des Nationalsozialismus Verfolgten uneigennützig Hilfe geleistet haben, wurde eingehend geprüft. [...] Ich glaube jedoch nicht, dass man dieses Verhalten [..] nun in materieller Form würdigen sollte. Auch ein sonstiger äußerer Ehrenerweis scheint mit der Sache nicht ganz gerecht zu werden; allenfalls könnte bei geeigneten Fällen in Erwägung gezogen werden, besonders verdiente Personen für eine Auszeichnung mit dem Bundesverdienstkreuz vorzuschlagen. [...]

Hans-Jochen Vogel ließ sich davon aber nicht abbringen. So sorgte er zunächst dafür, dass die beiden Frauen aus München die Ehrenmedaille „München leuchtet" bekamen:

Abbildung 58: Oberbürgermeister Vogel überreicht Rosa Mayer (links im Bild) und Maria Lethnar (rechts) die Medaille München leuchtet. Foto: © Otto Dix, Münchner Merkur. Dort erschien dazu auch ein Bericht.

82

Erst 1971 gelang es dann, Paul und Rosa Mayer mit dem Bundesverdienstkreuz zu ehren. Der damalige Bundespräsident Gustav Heinemann[69] unterzeichnete die Urkunde:

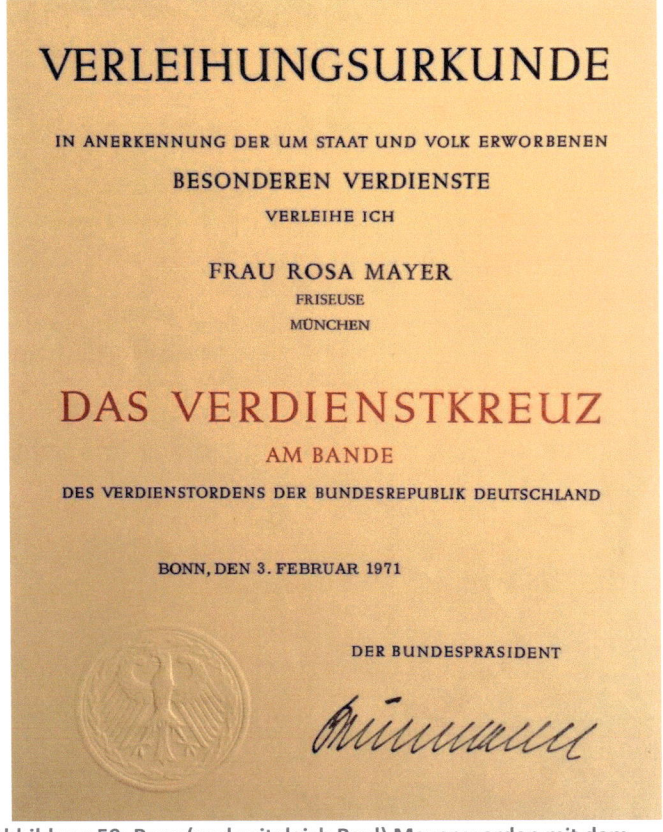

Abbildung 59: Rosa (und zeitgleich Paul) Mayer werden mit dem Bundesverdienstkreuz ausgezeichnet. Foto: © M. Mayer

---

[69] Als eines seiner wichtigsten Anliegen bezeichnete er die Überwindung der Untertänigkeit und die Erziehung der Deutschen zu mündigen Menschen mit bürgerlichem Handeln und Verhalten, die sich aktiv für die freiheitliche Demokratie, die Rechtsstaatlichkeit und soziale Gerechtigkeit einsetzen sollten. Siehe dazu: https://www.bundespraesident.de/DE/Die-Bundespraesidenten/Gustav-Heinemann/gustav-heinemann-node.html (15.10.2021)

In Bad Tölz
überreichte Landrat
Dr. Otmar Huber das
Verdienstkreuz. Paul
Mayer machte sich
nichts aus den vielen
Ehrungen. Er
behauptete stets,
nur seine Pflicht als
Mensch und Polizist
getan zu haben.[70]
Bescheiden lebte er
in seinem kleinen
Lenggrieser

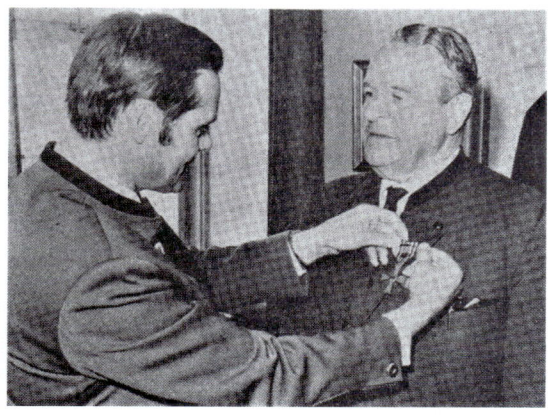

Abbildung 60: Landrat Dr. Huber zeichnet Paul Mayer im Februar 1971 mit dem Bundesverdienstkreuz aus. Foto: © Münchner Merkur.

Häuschen und besuchte gerne mit dem Auto noch lebende Kriegskameraden und die vielen Freunde, die er im Laufe seines Lebens gefunden hatte.

Abbildung 61: Paul Mayer in seinem geliebten VW-Käfer. Foto: © M. Mayer.

---

[70] Das ist auch das Ergebnis der tiefgreifenden Recherche von Ulrich Chaussy aus dem Jahr 2012. Er fasste die Ereignisse sogar in einem Hörspiel des Bayerischen Rundfunks zusammen.

84

Paul Mayer starb an den Folgen einer Routine-Operation im 80. Lebensjahr. Zu seiner Beerdigung kamen viele Menschen, die ihm einiges zu verdanken hatten. Ganz vorne natürlich Dr. Sophie Mayer, die den Kontakt zeitlebens nicht abreißen ließ. Sein Grab befindet sich auf dem Lenggrieser Friedhof. Dort liegt er zusammen mit seinem allzu früh verstorbenen einzigen Sohn Paul Günther.

Abbildung 62: Das Grab von Paul Mayer in Lenggries. Foto: © Autor.

Dr. Sophie Mayer blieb unverheiratet. Sie führte ihre Münchner Hausarztpraxis bis zum 75. Lebensjahr. Nach einem schweren Sturz rappelte sie sich mit eiserner Disziplin wieder auf. Sie wollte auf keine fremde Hilfe angewiesen sein. Sophie starb am 2. Juli 1997 im 100. Lebensjahr.

LITERATURVERZEICHNIS

Bajohr, Stefan. *Vierteljahreshefte für Zeitgeschichte*, 1. Juli 1980: 331-358.

Broszat, Martin. *Bayern in der NS-Zeit, Soziale Lage und und politisches Verhalten der Bevölkerung.* München: Oldenbourg Verlag, 1977.

Brückner, Joachim. *Kriegsende in Bayern 1945.* Freiburg: Rombach Verlag, 1987.

Bruppbacher, Paul. *Die Geschichte der NSDAP 4. Auflage, 2018, S. 90.* . BoD, 2018.

Carter, Kit and Mueller, Robert. *Combat Chronology 1941 - 1945.* Washington D.C.: Center for Air Force History, 1991.

Davis, Richard. „Bombing the European Axis Powers." Herausgeber: Alabama Maxwell Air Force Base. 2006. https://apps.dtic.mil/sti/pdfs/ADA450007.pdf (Zugriff am 28. Februar 2021).

Deutsche Biografie zu Hitler. 2019. https://www.deutsche-biographie.de/gnd118551655.html#ndbcontent (Zugriff am 10. 11 2019).

Diem, Veronika. *Die Freiheitsaktion Bayern.* Bd. 19. Kallmünz: Münchner Historische Studien, 2013.

Döbert, Frank. „Wilson Center." 18. 08 2019. https://www.wilsoncenter.org/publication/hans-kammler-hitlers-last-hope-american-hands (Zugriff am 21. 11 2019).

Ebert, Monika. *Zwischen Anerkennung und Ächtung.* Neustadt an der Aisch: VDS-Verlagsdruckerei Schmidt, 2003.

Fait, Barbara. *Von Stalingrad zur Währungsreform. Zur Sozialgeschichte des Umbruchs in Deutschland.* München: Hrsg.: Martin Broszat, Klaus-Dietmar Henke, Hans Woller, 1988.

Foreign Office & Ministry of Economic Warfare. *The Bomber's Baedeker.* Bd. II. London: Britisches Außenministerium, 1944.

Greiner, Helmut, und Percy Schramm. *Kriegstagebuch des Oberkommandos der Wehrmacht.* Bd. IV. Frankfurt a. M.: Bernard & Graefe Verlag für Wehrwesen, 1961.

Grüttner, Michael. *Brandstifter und Biedermänner. Deutschland 1933 - 1939.* Stuttgart : Klett-Cotta, 1985.

Historisches Lexikon Bayerns Traditionsgau München Oberbayern. 2019. https://www.historisches-lexikon-bayerns.de/Lexikon/Traditionsgau_M%C3%BCnchen-Oberbayern,_1930-1945 (Zugriff am 30. 10 2020).

Huber, Robert J. *Kriegsende im Isarwinkel.* Norderstedt: Books on Demand, 2020.

Internet Archive, San Francisco, USA (non profit). 2019. https://web.archive.org/web/20100715134511/http:/www.see-blick.de/lblockwart.html (Zugriff am 30. 10 2020).

Kershaw, Ian. „Reaktionen auf die Judenverfolgung." In *Bayern in der NS-Zeit*, von Martin Broszat und Elke Fröhlich, 282 ff. München: Oldenbourg Verlag, 1979.

Lexikon der Wehrmacht. 30. 10 2019. http://www.lexikon-der-wehrmacht.de/Waffen/panzer6.htm.

Military Wiki. 2019. https://military.wikia.org/wiki/Lockheed_P-38_Lightning#cite_note-Cesarani-74 (Zugriff am 30. 10 2019).

Muigg, Mario. „Die Alpenfestung." *Journal for Intelligence, Propaganda and Security Studies*, No. 2 2007: 97 ff.

N., N. „Jodls Aussage im Prozess." *Hochlandbote*, Mai 1946: 3.

Obb., Freiwillige Feuerwehr Weilheim i. *Festschrift zum 100jährigen Bestehen.* Weilheim: Eigenverlag, 1976.

Phantom in Bayern, die Alpenfestung. *Spiegel Online.* 1964. https://www.spiegel.de/spiegel/print/d-46174847.html (Zugriff am 11. 11 2019).

Pieken, Gorch. „MDR." 04. 04 2016. https://www.mdr.de/zeitreise/pervitin-soldaten-krieg-droge-hitler-deutsches-reich100.html (Zugriff am 20. 11 2019).

Ritter von Reiß, Josef, Maximilian Graf Armansperg, Adolf von Bomhard, und Dr. Hans Dreyer. *Das königlich Bayerische Infanterie-Leibregiment im Weltkrieg 1914/18.* Herausgeber: Kommission für die Regiments-Kriegsgeschichte. München: Max Schick, 1931.

Schrafstetter, Susanna. *Flucht und Versteck.* Göttingen: Wallstein Verlag, 2015.

Scriba, Arnulf. „Deutsches Historisches Museum Berlin." 11. 09 2015. https://www.dhm.de/lemo/kapitel/ns-regime/ns-organisationen/nsdap.html (Zugriff am 12. 11 2019).

Staudinger, Heinz. *Zwischen Hakenkreuz und Sternenbanner.* München: CompuDig Verlag, 1999.

The Portal of Texas History. 2019. https://texashistory.unt.edu/ark:/67531/metapth639084/m1/77/zoom/?q=Iffeldorf&resolution=1.0497166836230671&lat=2949.6421060152998&lon=2171.308296072662.

Veeh, Helmut. *Die Kriegsfurie über Franken 1945 und das Ende in den Alpen.* Würzburg: Eigenverlag, 1998.

Wasensteiner, Josef. *Aus Kindheit, Krieg und Gefangenschaft.* Lenggries: Isarwinkel-Verlag, 2018.

QR-CODE VERZEICHNIS

Buch Seite	Link	QR
8	https://righteous.yadvashem.org/?searchType=righteous_only&language=en&itemId=4022271&ind=0	
	Link	**QR**
19	https://de.wikipedia.org/wiki/Milit%C3%A4rverdienstorden_(Bayern)	
	Link	**QR**
19	https://www.ancestry.de/search/categories/39/?name=Paul_Mayer&birth=1896-8-2_sonnering-rosenheim-bayern-deutschland_180689&birth_x=0-0-0	
	Link	**QR**
19	https://www.katholisch.de/artikel/158-ein-licht-fur-die-heiden	
	Link	**QR**
23	https://catalog.archives.gov/id/139327962	

Buch Seite	Link	QR
23	https://catalog.archives.gov/id/57319239	
	Link	**QR**
25	https://catalog.archives.gov/id/73088331	
	Link	**QR**
27	https://www.heimatforschung-regensburg.de/2143/1/1223758_DTL2331.pdf	
	Link	**QR**
29	https://de.wikipedia.org/wiki/F%C3%BChrersperrgebiet_Obersalzberg#Regierungsgesch%C3%A4fte_und_Repr%C3%A4sentation	
	Link	**QR**
30	https://gedenkbuch.muenchen.de/index.php?id=gedenkbuch_link&gid=7456	

Buch Seite	Link	QR
32	https://gedenkbuch.muenchen.de/index.php?id=gedenkbuch_link&gid=11070	
	Link	**QR**
32	https://www.aerzteblatt.de/archiv/61644/Approbationsentzug-fuer-juedische-Aerzte-Bestallung-erloschen	
	Link	**QR**
34	https://gedenkbuch.muenchen.de/index.php?id=heimanlage_berg_am_laim	
	Link	**QR**
42	https://www.mdr.de/geschichte/gesetz-hitlerjugend-nationalsozialismus100.html	
	Link	**QR**
43	https://de.statista.com/statistik/daten/studie/252298/umfrage/armeestaerken-im-zweiten-weltkrieg-nach-laendern/	

Buch Seite	Link	QR
44	https://de.wikipedia.org/wiki/Verordnung_gegen_Volkssch%C3%A4dlinge	
	Link	QR
45	https://www.bundestag.de/webarchiv/textarchiv/2014/49972428_kw12_kalenderblatt_volljaehrigkeit-216476	
	Link	QR
50	https://creativecommons.org/licenses/by-sa/3.0/de/	
	Link	QR
51	https://de.wikipedia.org/wiki/Genfer_Konventionen#Weitere_Entwicklung_bis_zum_Zweiten_Weltkrieg	

Buch Seite	Link	QR
52	https://de.wikipedia.org/wiki/Dulag_Luft	
	Link	QR
54	https://de.wikipedia.org/wiki/Kriegswirtschaftsverordnung	
	Link	QR
56	https://wwii.germandocsinrussia.org/de/nodes/14370#page/3/mode/inspect/zoom/4	
	Link	QR
61	https://www.lexikon-der-wehrmacht.de/Soldat/Volkssturm.htm	
	Link	QR
63	https://de.wikipedia.org/wiki/Gregor_Dorfmeister	

Buch Seite	Link	QR
65	https://www.stadt-aub.de/fileadmin/Dateien/Website/Dateien/Stadtgeschichte/04_kriegsereignisse01.pdf	
	Link	**QR**
67	https://www.mdr.de/geschichte/ns-zeit/zweiter-weltkrieg/1945/selbstmord-so-starb-adolf-hitler-106.html	
	Link	**QR**
67	https://www.abruckner.com/Data/articles/articlesgerman/engel-friedrich-hitlers-death-as-announced-on-the-/Hitlers-Tod-in-Rundfunksendungen_2019-01-03.pdf	
	Link	**QR**
69	https://www.spiegel.de/geschichte/schlacht-von-itter-1945-amerikaner-und-wehrmacht-gegen-ss-a-1018702.html	
	Link	**QR**
70	https://www.gedenktafeln-in-berlin.de/nc/gedenktafeln/gedenktafel-anzeige/tid/friedrich-hoffmann-u/	

Buch Seite	Link	QR
70	https://www.denkmal-wuppertal.de/2012/07/paul-kreber-gedenktafel.html	
	Link	QR
70	https://www.markt-ergoldsbach.de/leben-wohnen/persoenlichkeiten/anna-gnadl-und-max-maurer/das-haette-doch-jeder-getan.pdf?cid=20p	
	Link	QR
72	https://www.planet-wissen.de/geschichte/deutsche_geschichte/nachkriegszeit/nuernberger-prozess-100.html	
	Link	QR
79	https://www.yadvashem.org/de/about/yad-vashem.html	
	Link	QR
83	https://www.bundespraesident.de/DE/Die-Bundespraesidenten/Gustav-Heinemann/gustav-heinemann-node.html	